本書購入者のみ
LINEお友だち登録無料特典

❶ 現役キャリアコンサルタントによるロープレ見本動画

現役のキャリアコンサルタントが、面接試験と同様に15分間でどのように面談を進めていくのか、ロープレの見本動画をご覧いただけます。

❷ 面接逐語録演習帳

ロープレ参考動画を逐語録としてお読みいただけ
覧いただくことで、よりスキルアップにつながりま

❸ オンライン無料ロープレ自主練習会参加権

面接は練習の場数を踏むことが肝心！

● 全国各地から参加する受験生と一緒にロープレを練習しましょう。
● 受験生同士がキャリアコンサルタント役、クライアント役を交代で練習を行います。
● ロープレに慣れていない方でもお気軽にご参加いただけます。
● 日程等の詳細は、LINE お友だち無料登録後にご案内いたします。

全国から
無料で
参加できます

❹ 論述試験模擬テスト

キャリアデザイン出版が作成した論述試験模擬テストをダウンロードして学べます。

LINE お友だち登録無料特典の受け取り方は次ページをご覧ください

※詳しい登録方法は P2 〜 3 ページをご覧ください。
※本サービスは書籍購入者のみが利用できる特典です。
※特典の使い回し、第三者への譲渡・貸与は禁止です。
※この無料特典は予告なく終了することがございますので、お早目にご登録ください。
※本書は LINE と連携をすることを前提とした書籍になります。LINE の登録ができない方は本書を十分にご活用いただけない可能性がありますので、予めご了承ください。

1

本書の使い方 ～合格への道～

LINEお友だち登録無料特典

STEP1

LINEお友だち登録

※このLINEお友だち登録無料特典は予告なく終了することがございますので、お早目にご登録ください。

STEP2

スマホで学習
実技試験

- 現役キャリアコンサルタントによるロープレ見本動画
- 面接逐語録演習帳

LINE お友だち登録の QR コードを
読み込んだ後のマイページの作り方

メッセージで届いた**無料特典フォーム**のリンクをクリック

LINE アカウントで**登録ボタン**を押す

マイページ登録完了
STEP2の無料特典がすぐに利用できます。

ピン留めがオススメ
※Android:トークルームを長押しして【ピン留め】をタップ
※iPhone:右側にスワイプして【ピン留めマーク】をタップ

書籍

STEP1

テキストを読んで学ぶ

STEP2

練習問題で理解度チェック

2

スマホで学習
学科試験

- 学科試験書籍関連動画
- オンライン単語帳
- 統計数字

実力チェック

- 論述試験模擬テスト
- 学科試験模擬テスト

FINAL STEP

実技試験

オンライン無料ロープレ自主練習会参加権

受験生同士がキャリアコンサルタント役、
クライエント役を交代で行います

- 全国各地から参加する受験生同士で練習しよう！

学科試験

過去問題を時間の許す限りできるだけたくさん解く

国家資格キャリアコンサルタント
→（推奨）直近５回分以上

キャリアコンサルティング技能検定２級
→（推奨）直近２回分以上

全国の書店で売れてます！

▶ キャリアコンサルタントへ
「最速合格」を目指すあなたに

最速合格のために「養成講習では教えてもらえない試験の頻出ポイントを徹底解説」した内容に加えて、リアルでもネットでも特典満載！

職業指導の父
パーソンズ

「最速合格」 国家資格キャリアコンサルタント 学科試験テキスト＆問題集	B5判／232頁 定価3,300円 （本体3,000円＋税10%） ご購入はこちらから

point 01

LINE 完全連携

LINE お友だち登録無料特典に登録すると、最新の情報にすぐにアクセスできます。

・書籍関連動画
・オンライン単語帳
・統計数字
・学科試験模擬テスト

point 02

過去の出題傾向を徹底的に分析し「キャリアコンサルタント試験の試験科目及びその範囲並びにその細目」を、独自に次の4ジャンル ①理論 ②実践 ③法律・施策 ④白書・統計数字 に整理し、章立てを再構成しています。

キャリアコンサルタント試験の試験科目及びその範囲並びにその細目			本 書
I キャリアコンサルティングの社会的意義	1	社会及び経済の動向並びにキャリア形成支援の必要性の理解	第3章
	2	キャリアコンサルティングの役割の理解	第2章
II キャリアコンサルティングを行うために必要な知識	1	キャリアに関する理論	第1章
	2	カウンセリングに関する理論	第1章
	3	職業能力開発（リカレント教育を含む）の知識	第3章
	4	企業におけるキャリア形成支援の知識	第3章
	5	労働市場の知識	第4章
	6	労働政策及び労働関係法令並びに社会保障制度の知識	第3章
	7	学校教育制度及びキャリア教育の知識	第3章
	8	メンタルヘルスの知識	第2章
	9	中高年齢期を展望するライフステージ及び発達課題の知識	第2章
	10	人生の転機の知識	第1章
	11	個人の多様な特性の知識	第2章
III キャリアコンサルティングを行うために必要な技能	1	基本的な技能	第2章
	2	相談過程において必要な技能	第2章
IV キャリアコンサルタントの倫理と行動	1	キャリア形成及びキャリアコンサルティングに関する教育並びに普及活動	第2章
	2	環境への働きかけの認識及び実践	第2章
	3	ネットワークの認識及び実践	第2章
	4	自己研鑽及びキャリアコンサルティングに関する指導を受ける必要性の認識	第2章
	5	キャリアコンサルタントとしての倫理と姿勢	第2章

4

point 03

合格できる工夫が
いっぱいの誌面構成

キーワード●
各理論家で覚えてお
くべきキーワードを
記載しています。

POINT●
理論の概要を記載し
ています。

●理論家出題頻度
理論家は出題頻度によって出題頻度を
3段階の★で示しています。

●赤い文字
重要な点は赤い文字
になっているので、付
属の赤シートで隠し
て学べます。

●頻出マーク
試験によく出る項目
には頻出マークを付
けています。

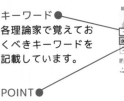

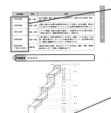

point 04

テキストに加えて、問題も充実。「一問一答」で理解度をチェックできます。
さらに本誌だけの付属の特典で、試験直前まで知識の定着が図れます。

試験直前まで
チェックできる
と喜ばれてます

5段階欲求
マズロー

STEP 1
赤シートで隠し
ながらテキスト
で学ぶ

STEP 2
一問一答
で理解度チェック

STEP 3
・スピードチェック

・単語帳

point 05

時間がない受験生の要
望を実現した、本書だ
けの付属の特典です。
重要なポイントをまと
めてあるので持ち歩い
て活用できます。

スキマ時間に
サッと目を
通せますよ

目的論
アドラー

スピードチェック

暗記に役立つ
赤シート付き

理論家年表

理論家相関図

単語帳

目　次

第 1 章　論述試験対策　JCDA（日本キャリア開発協会）

第 2 章　面接試験対策　JCDA（日本キャリア開発協会）

第**1**章

論述 試験対策

JCDA（日本キャリア開発協会）

1/1 各設問の問題構成・ポイント概要

　日本キャリア開発協会（以下 JCDA）の論述試験は事例（逐語録）を読み、相談者が相談したいこと、見立て、今後の支援に関する知識などをキャリアコンサルティングプロセスに沿って検討し、解答する試験です。養成講習団体によっては、型にはまった解答を避けるため具体的な解き方を指導しないケースも多いようですが、何の武器も持たず、自分が思うままに断定的な表現をしてしまったり、相談者の言葉を使わずに自分の言葉で解答を書いてしまうと、なかなか点数に結びつかないのも事実です。

　本書では、あなたに最速合格を果たしていただくため、論述試験の解き方について、基本の型とそのための武器をお伝えしていきます。まず型をしっかりと身に付けたうえで、あなた独自の書き方を工夫していっていただければと思います。

　これから論述問題の構成をみていきますが、何より重要なのは『試験が開始したらまず問題と解答用紙を見て形式を確認する』ということです。試験の出題形式は前回とは違う形式で出題される可能性があります。そのため、事例を読む前にまず問題と解答の形式を確認しましょう。

　では早速、実際に論述問題がどのような構成になっているのかを、次頁の筆者が作成した問題に沿って確認していきましょう。JCDA の問題の事例において、キャリアコンサルタントは CCt、相談者は CL と略されています。本書でも同様の表記を使用します。

〔設問〕
事例Ⅰ・Ⅱ共通部分と事例Ⅰ、Ⅱを読んで、以下の問いに答えよ（事例ⅠとⅡは、同じ相談者（CL）、同じ主訴の下で行われたケースである）。(50点)

相談者（CLと略）：A、48歳　女性、4年制大学卒業　自動車部品メーカー勤務に2ヶ月前から正社員として勤務
　　　　夫（52歳）、長女17歳（高校2年生）、次女15歳（中学2年生）
キャリアコンサルタント（CCtと略）：相談機関のキャリアコンサルティング専任社員

【事例Ⅰ・Ⅱ共通部分】

CL1：　今、正社員で働き出して2ヶ月が経とうとしているんですけど、年齢的にも覚えが悪くて、何度も同じことを聞いたり、同じ失敗をしたりで毎日が辛くてどうしたらいいのか…。
CCt1：正社員で働き出して2ヶ月目で、覚えられなくて何度も同じことを聞いたり、失敗をしてしまってお辛いんですね。年齢的にもというのはどういう意味でしょうか。
CL2：　はい、教えてくれるのは自分より20歳も年下の女性の方なので、その方たちと比べてしまうとやっぱり覚えが悪いと感じてしまって…、先日、その先輩から「この間も同じこと言ったよね」と言われて、その時はもちろん気付くんですけど、忘れて同じことを聞いてしまっていたので、申し訳ない気持ちになりました。
CCt2：申し訳ないなという気持ちになった…。忘れてしまうということが、自己対策はされているのでしょうか。
CL3：　はい。しっかりメモを書いたりして自分なりに勉強はしているんですが、全部を覚えきれなくて。でも、同じ時期に入社した20代の男性がいるんですけど、若いからなのか覚えも早いんです。でも、彼は前職でも同じような仕事をしていたらしいので、それもあるんだろうと思っているんですけど…。
CCt3：若い男性社員の方は覚えるのが早いと感じていらっしゃるんですね。その方を見てどう思いましたか。
CL4：　悔しいと思いました。私自身、数年前までは覚えることも苦ではなかったんですし、そこにストレスを感じたことはなかったんです。だから、今のこんな自分が情けなくも感じてしまっています。でも前職までは、一度覚えてしまえばルーティン化されていたから忘れなかったのかも知れません。
CCt4：今は違うのでしょうか。
CL5：　はい。今は、若い男性社員と月ごとに交代で業務内容が変わります。二人で同じ業務をするわけではなく、交代でお互いに違う業務をして、1ヶ月後にはまた戻るんですけど、違う業務を少しずつ増えていても、1ヶ月経つと前に教わったことを忘れてしまっているんです。
CCt5：なるほど。そうすると、1ヶ月経つと新しいことをやっているような感覚になってしまうのでしょうか。
CL6：　そうなんです。やってみると「あ、やったことがあるな」と思い出すんですけど、失敗したことを指摘されて自己嫌悪に陥ってしまいます。

【事例Ⅰ】

CCt6：でも、まだ2ヶ月しか経っていませんし、覚えられないのも仕方がないんじゃないですか。
CL7：　そうなんですけど、他の先輩方を見ていると、皆さんしっかりこなしているので、このままやっていけるかどうか自信がなくなってしまって。それに、覚える量が多くて、休日も仕事のことを考えるようになって、気が休まる時がありません。
CCt7：他の先輩方ができるなら、いずれAさんにもできるんじゃないですか。
CL8：　そうなんでしょうか。早く先輩方のようにならなければならないのかと、不安ばかり募って誰にも相談できずにいます。
CCt8：ご家族は、Aさんの状況を見て何か言っていないのですか。
CL9：　心配はしてくれていますが、入社したばかりだから我慢するしかないと言っています。
CCt9：ご家族もそう言っているなら、もう少し様子を見たらどうですか。
CL10：やっぱり我慢するしかないんでしょうか。仕事以外に子どものこともあるし、家事もこなさなきゃいけないのに、結局、そんなことは誰も分かってはくれないよねって、半ば諦めもあります。
CCt10：でも、家庭を持ちながら仕事をされている方もいらっしゃいますよね。そういう方は他にいらっしゃらないんですか。
CL11：今は周りにはいないので、気持ちを分かってもらいたくてもできないんです。どうしたらいいのか…。
　　　　　　　　　　　　　　　　　　　　　　　　　　　　　（後略）

【事例Ⅱ】

CCt6：失敗したことを指摘されて、自己嫌悪になってしまった…。
CL7：　はい。迷惑をかけているのではないかと思ってしまうんです。女性が6人いるんですけど、20～30代の独身の方ばかりで、会話などでも馴染めません。孤立しないようにしたいですが、仕事の評判も良くないだろうと思うと、コミュニケーションも消極的になってしまって、最近особに悩んでいます。
CCt7：仕事の評判も良くないだろうというのはどういう評判なのでしょうか。
CL8：　間違ったり、同じことを聞いてしまうところを見られているので、会話に入ったところで、覚えが悪いなと変なことを言ってると思われたくないというか…。
CCt8：何か直接指摘されるようなことがあったんですか。
CL9：　いえ、間違ったり、失敗したりしていることに対して、特に何か言われたわけでもないし、何かされたわけでもないんですけど、そういう自分のことを考えると何も言えなくなってしまって、相談ができないんです。
CCt9：ご自身の中で、仕事のことが影響してしまって、コミュニケーションも消極的になってしまうんですね。社内では、他に相談できる方はいらっしゃいませんか。
CL10：はい。先日、採用の時に面接してくださった部長との面談があって相談したところ、「2ヶ月で覚えられることじゃないから大丈夫。すぐに覚えられる人はいない」と言ってくださいました。
CCt10：それを聞いてどのように思われましたか。
CL11：話ができたことで気持ちが楽になりました。そう言ってくれる上司がいるので心強いです。今はこのままでいいのでしょうか…。
　　　　　　　　　　　　　　　　　　　　　　　　　　　　　（後略）

●事例Ⅱ

事例ⅡがCCtとして相応しい事例のケースが多い傾向にありますが、今後傾向が変わる可能性もありますので必ず問題文を確認してください。

●相談者情報

名前（A等）、性別、年齢、略歴、家族構成等が書かれています。
略歴には例えば高校・大学卒業後から何年間どのような職種の仕事に就いたのか、また転職の経緯、学歴等が記載されています。

●事例Ⅰ・Ⅱ共通部分

CLとCCtの応答が逐語録の形式で掲載されています。ここでは共通部分として、6～7の応答が記載されています。

●事例Ⅰ

・共通部分の後は、事例Ⅰと事例Ⅱに分かれます。
・事例ⅠとⅡは、同じ相談者（CL）、同じ主訴の下で行われたケースです。
・これまでのJCDA論述試験では、事例ⅠがCCtとして相応しくない事例のケースが多い傾向にありますが、今後傾向が変わる可能性もありますので必ず問題文を確認してください。

※本問題は筆者が作成したものです。

問題見本

[問い1]
事例ⅠとⅡはキャリアコンサルタントの対応の違いにより展開が変わっている。事例ⅠとⅡの違いを下記の5つの語句（指定語句）を使用して解答欄に記述せよ（同じ語句を何度使用しても可。また語句の使用順は自由。解答用紙に記述する際には、使用した指定語句の下に必ずアンダーラインを引くこと）。(15点)

指定語句	決めつけ　説得　内省　誘導　感情

● [問い1]
事例ⅠとⅡのCCtの対応の展開の違いについて、指定された語句を使用して記述していく問題です。

[問い2]
事例ⅠのCCt7と事例ⅡのCCt10のキャリアコンサルタントの応答が、相応しいか、相応しくないかを考え、「相応しい」あるいは「相応しくない」のいずれかに○をつけ、その理由も解答欄に記述せよ。(10点)

● [問い2]
事例Ⅰと事例Ⅱの下線部分のCCtの応答に対して、それぞれ相応しいか相応しくないかを判断した上でその理由を記述していく問題です。

[問い3]
全体の相談者の語りを通して、キャリアコンサルタントとして、あなたの考える相談者の問題と思われる点を、具体的な例をあげて解答欄に記述せよ。(15点)

● [問い3]
キャリアコンサルタントが見立てるCLの表面に出ていない本質的な問題と、その根拠について具体例をあげて解答する問題です。

[問い4]
事例Ⅱのやりとりの後、あなたならどのようなやりとりを面談で展開していくか、その理由も含めて具体的に解答欄に記述せよ。(10点)

● [問い4]
あなた自身が考える事例Ⅱ以降の面談の展開について、[問い3]で解答した見立てを踏まえて、それぞれを密に連動させながら解答する問題です。

解答用紙見本

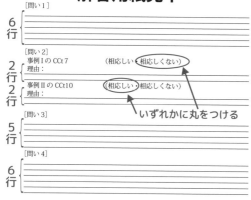

[問い1]
6行

[問い2]
2行　事例ⅠのCCt7　　　（相応しい・相応しくない）
　　　理由：
2行　事例ⅡのCCt10　　（相応しい・相応しくない）
　　　理由：

いずれかに丸をつける

[問い3]
5行

[問い4]
6行

※本問題用紙見本と解答用紙見本は
筆者が作成したものです。

　論述試験はキャリアコンサルティングのプロセスに沿ってつくられています。それぞれの設問がどのような目的、相関関係になっているのかを次の図で示します。

図表 1-1 論述試験の問題とキャリアコンサルティングプロセスの相関関係

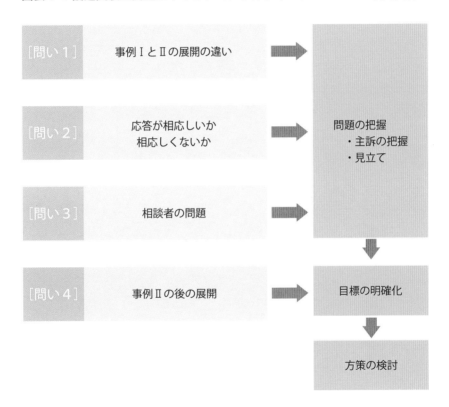

[問い 1]　事例ⅠとⅡの展開の違い

[問い 2]　応答が相応しいか
　　　　　相応しくないか

[問い 3]　相談者の問題

問題の把握
　・主訴の把握
　・見立て

[問い 4]　事例Ⅱの後の展開

目標の明確化

方策の検討

　論述試験は時間との勝負です。時間が足りなくなる最も大きな原因は、一度答案用紙に書いた文章を書き直すからです。では書き直さないようにするにはどうすればよいでしょうか。

　本書でおススメしているのは、重要なポイントに印をつけた後、実際に解答用紙に書いていく前に、事例問題上で解答に使う文章のおおよその文字数をカウントし、これならちょうどいい文量で書けそうだという確信を持ってから実際の解答用紙に書き始めるという方法です。

　印のつけ方は以下の通りです。まず相談者の状況を把握できる箇所や、相談者が悩むきっかけとなった記述には直線（ー）を引き、相談者の感情や意向、考え等が記述されている箇所には波線（〜）を引いていきます。次に［問い1］の指定語句を読み、関係するCCtの応答にまる（○）をつけます。

> **A** CL「状況把握・きっかけ」・・直線（ー）を引く
>
> **B** CL「感情・意向」・・・・・・波線（〜）を引く
>
> **C** CCt「指定語句に関係する応答」
> 　　　　　　・・・・・・まる（○）をつける

　どのような記述に直線（ー）、波線（〜）をつけた方がよいのかを参考例として記載します。なぜここで印をつける必要があるのか、実際にそれをどのように解答に反映させていくのかについては、18ページ以降の［問い1］から［問い4］の解き方の中で詳細に解説していきます。

A「状況把握・きっかけ」
課長をしているが、中心メンバーが相次ぎ退職
日頃からの部下育成や仕事への動機づけ不足、コミュニケーション不足があるのではないかと指摘される
自分自身も業務量が増えており、やむを得ず休日出勤をすることもある
人事からは、部下に残業をさせないよう強く言われている
不妊治療を始めた
短期大学の保育科で保育士を目指して勉強している
保育士の仕事は母親から将来も安定した仕事だからと勧められた
下の子がまだ小さいので手もかかる
部長からの無茶ぶりが多くて結構仕事量も増えてきている
結婚し出産して子育てをしながら戻ってきた
派遣社員として働いていてもうすぐ2年
派遣会社は早めに次のところを紹介してくれるという話だったが連絡がない
新卒で就職するはずだった会社は入社直前に倒産してしまった
母親から派遣会社に登録することを勧められて、数社派遣登録をして、今の会社で働き始めた
契約社員として4年目、自分を指名して来店してくださるお客様も増えた
コロナ禍で店の売り上げも随分下がっていて、今年の秋には、今働いている百貨店から撤退する事が決まった
両親から正社員としてどこか安定した仕事に就いて欲しいと言われている
夫と離婚して、2人の子供を育てていく為に、必死で就職活動をして不動産会社に採用された
最初はパートだったが1年後、正社員にしてもらえた

B「感情・意向」
退職の話があってショックを受けた
今後どのように仕事を進めたらよいか、課を運営したらよいか分からなくなり、自身のモチベーションは大きく下がっている
部長は職場の現状を見ていないと感じた
治療をしながら仕事ができるのか不安もある
やっぱり正社員の方が働き続けやすいのかな
正社員がいいとは思うけれど、正直プレッシャーも感じる
本当に自分にできるのかな
実際見たり聞いたりすると、自分が思っていた仕事とは違うのかなと思うようになった
自分がこの仕事をやれるのか自信がない
他にやれる事があるのかよくわからないし、何に向いているのかもよくわからない
このままがいいのにそんなこと言われてどうしたらよいのかわからない
次回の契約更新はないということを聞いて、早く次のところを見つけなければ
こんな目に合うんだったら、やっぱり正社員として就職したほうがいいんじゃないかと思う
自分の経験で正社員として就職できるかわからない
自分に何ができるのかイメージが全然わかず、どうしたらよいのかわからない
会社自体も経営が厳しいようだし自分も転職したほうがいいのか
自分の年齢も考えると、このタイミングで何か違う事をしなければいけないのかな
正社員で安定した仕事と言われてもあまりイメージがつかない
今から新しい事を始めて自分が正社員として就職ができるのかなと思う

では次に、筆者が作成した次の模擬問題に直線（―）、波線（〜）、まる（○）をつけてみますので、参考にしてみてください。

設問
事例Ⅰ・Ⅱ共通部分と事例Ⅰ、Ⅱを読んで、以下の問いに答えよ（事例ⅠとⅡは、同じ相談者(CL)、同じ主訴の下で行われたケースである）。(50点)

相談者 (CLと略)：A、48歳　女性、4年制大学卒業　自動車部品メーカー勤務に
　　　　　　　　　2ヶ月前から正社員として勤務
　　　　　　　　　夫(52歳)、長女17歳(高校2年生)、次女15歳(中学2年生)
キャリアコンサルタント(CCtと略)：相談機関のキャリアコンサルティング専任社員

【事例Ⅰ・Ⅱ共通部分】

CL1：　今、正社員で働き出して2ヶ月が経とうとしているんですけど、年齢的にも覚えが悪くて、何度も同じことを聞いたり、同じ失敗をしたりで毎日が辛くてどうしたらいいのか…。

CCt1：正社員で働き出して2ヶ月目で、覚えられなくて何度も同じことを聞いたり、失敗をしてしまってお辛いんですね。年齢的にもというのはどういう意味でしょうか。

CL2：　はい。教えてくれるのは自分より20歳も年下の女性の方なので、その方たちと比べてしまうとやっぱり覚えが悪いと感じてしまって…。先日、その先輩から「この間も同じこと言ったよね」と言われて、その時はもちろん気付くんですけど、忘れて同じことを聞いてしまっていたので、申し訳ない気持ちになりました。

CCt2：申し訳ないなという気持ちになった…。忘れてしまうということで、何か対策はされているのでしょうか。

CL3：　はい。しっかりメモを書いたりして自分なりに対策はしているんですが、全部を覚えきれなくて。でも、同じ時期に入社した20代の男性がいるんですけど、若いからなのか覚えも早いんです。でも、彼は前職でも同じような仕事をしていたらしいので、それもあるんだろうと思っているんですけど…。

CCt3：若い男性社員の方は覚えるのが早いと感じていらっしゃるんですね。その方を見てどう思いましたか。

CL4： 悔しいと思いました。私自身、数年前までは覚えることも苦ではなかったで
　　　すし、そこにストレスを感じたことはなかったんです。だから、今のこんな自
　　　分が情けなくも感じてしまっています。でも前職までは、一度覚えてしまえ
　　　ばルーティン化されていたから忘れなかったのかも知れません。

CCt4： 今は違うのでしょうか。

CL5： はい。今は、若い男性社員と月ごとに交代で業務内容が変わります。二人で同
　　　じ業務をするわけではなく、交代でお互いに違う業務をして、1ヶ月後には
　　　また戻るんですけど、違う業務も少しずつ増えていくので、1ヶ月経つと前
　　　に教わったことを忘れてしまっているんです。

CCt5： なるほど。そうすると、1ヶ月経つと新しいことをやっているような感覚に
　　　なってしまうのでしょうか。

CL6： そうなんです。やってみると「あ、やったことがあるな」と思い出すんですけ
　　　ど、失敗したことを指摘されて自己嫌悪に陥ってしまいます。

【事例Ⅰ】

CCt6： でも、まだ2ヶ月しか経っていませんし、覚えられないのも仕方がないん
　　　じゃないですか。

CL7： そうなんですけど、他の先輩方を見ていると、皆さんしっかりこなしている
　　　ので、このままやっていけるかどうか自信がなくなってしまって。それに、覚
　　　える量が多くて、休日も仕事のことを考えるようになって、気が休まる時が
　　　ありません。

CCt7： 他の先輩方ができるなら、いずれＡさんにもできるんじゃないですか。

CL8： そうなんでしょうか。早く先輩方のようにならなければならないのかと、不
　　　安ばかり募って誰にも相談できずにいます。

CCt8： ご家族の方はＡさんの状況を見て何か言っていないのですか。

CL9： 心配はしてくれていますが、入社したばかりだから我慢するしかないと言っ
　　　ています。

CCt9： ご家族もそう言っているなら、もう少し様子を見たらどうですか。

CL10： やっぱり我慢するしかないんでしょうか。仕事以外に子どものこともある
　　　し、家事もこなさなくちゃいけないのに、結局、そんなことは誰も分かっては
　　　くれないよねって、半ば諦めもあります。

CCt10：でも、家庭を持ちながら仕事をされている方もいらっしゃいますよね。そう
　　　　いう方は他にいらっしゃらないんですか。

CL11：今は周りにはいないので、気持ちを分かってもらいたくてもできないんで
　　　　す。どうしたらいいのか…。

（後略）

第1章　論述試験対策

【事例Ⅱ】

CCt6：　失敗したことを指摘されて、自己嫌悪になってしまった…。

CL7：　はい。迷惑をかけているのではないかと思ってしまいます。女性が6人いる
　　　　んですけど、20〜30代の独身の方ばかりで、会話などでも馴染めません。
　　　　孤立しないようにしたいですが、仕事の評判も良くないだろうと思うと、
　　　　コミュニケーションも消極的になってしまって、最近特に悩んでいます。

CCt7：　仕事の評判も良くないだろうというのはどういう評判なのでしょうか。

CL8：　間違ったり、同じことを聞いてしまうところを見られているので、会話に
　　　　入ったところで、覚えが悪いのに変なことを言ってると思われたくないと
　　　　いうか…。

CCt8：　何か直接指摘されるようなことがあったんですか。

CL9：　いえ、間違ったり、失敗したりしていることに対して、特に何か言われた
　　　　わけでもないし、何かされたわけでもないんですけど、そういう自分のこ
　　　　とを考えると何もなく言えなくなってしまって、相談ができないんです。

CCt9：　ご自身の中で、仕事のことが影響してしまって、コミュニケーションも消
　　　　極的になってしまうんですね。社内では、他に相談できる方はいらっしゃ
　　　　いますか。

CL10：はい。先日、採用の時に関わってくださった部長との面談があって相談し
　　　　たところ、「2ヶ月で覚えられることじゃないから大丈夫。すぐに覚えられ
　　　　る人はいない」と言ってくださいました。

CCt10：それを聞いてどのように思われましたか。

CL11：話ができたことで気持ちが楽になりました。そう言ってくれる上司がいる
　　　　ので心強いです。今はこのままでいいのでしょうか…。

（後略）

17

［問い1］
事例ⅠとⅡはキャリアコンサルタントの対応の違いにより展開が変わっている。事例ⅠとⅡの違いを下記の5つの語句（指定語句）を使用して解答欄に記述せよ（同じ語句を何度使用しても可。また語句の使用順は自由。解答用紙に記述する際には、使用した指定語句の下に必ずアンダーラインを引くこと）。
(15点)

指定語句　　　決めつけ　説得　内省　誘導　感情

指定語句を分析する

　［問い1］は、事例ⅠとⅡのCCtの対応、展開の違いについて、指定された語句を使用して解答欄に記述する問題です。まずこの指定語句について考えてみたいと思います。

　図表1-2は過去のJCDA論述試験において出題された指定語句を1つずつカウントし、筆者が独自にランキングにした表になります。ランキングの高いものから順に、［問い1］の指定語句として頻繁に出題されています。特に上位20位くらいまでの語句はよく出題されていますし、これらはあなたの言葉の引き出しとして面接試験にもつながる重要なキーワードとなりますので、いつでも自分の言葉として使えるようになっておくといいでしょう。

図表 1-2 指定語句出題ランキング

	指定語句		指定語句
1位	経験	11位	価値観
2位	自己探索	12位	説得
3位	ものの見方	13位	好意的関心
4位	共感	14位	決めつけ
5位	感情	15位	焦点
6位	背景	16位	自己概念
7位	問題解決	17位	主訴
8位	自問自答	18位	事柄
9位	内省	19位	先入観
10位	助言	20位	誘導

	指定語句
20位以下	励まし／固定観念／思い込み／相談者の背景／共有／判断基準／枠組み／個々の問題／一般化／共有化／客観視／固有／受け止め／目標／意味／関心／展開／支援の基本スタンス／学習／特性論／傾聴／行動／反応／意図／意思決定／出来事／人間観　ほか。

　JCDA の論述試験はとにかく時間との勝負となります。各設問に解答するためには試験本番を迎える前に準備が必要です。［問い1］のその準備とは、出題されやすい指定語句を予め使いこなせるようになっておくということです。［問い1］では事例ⅠとⅡの CCt の対応の違い、より具体的にいえば CCt として相応しい対応と相応しくない対応によってそれぞれどのように展開が変わるのか、その違いについて記述していくことになります。

　ここで図表 1-2 でランキング1位、2位、3位となっている論述試験頻出の「経験」「自己探索」「ものの見方」という語句を使って、CCt として相応しい表現と相応しくない表現について検討してみましょう（図表 1-3 参照）。

図表 1-3 指定語句を使った表現例

指定語句	CCt として相応しい表現の一例	CCt として相応しくない表現の一例
経験	CL の過去の経験について問いかけることによって内省につながった	CCt の過去の経験にもとづいた主観的な価値観の押し付け
自己探索	CL の自己探索が進んだ	CL の自己探索が進まなかった
ものの見方	一方的なものの見方をせずに CL の感情に寄り添い応答している	一方的なものの見方によって CCt が CL を説得している

　図表 1-3 のようにほとんどの指定語句は、相応しい例でも相応しくない例でもどちらでも使用することができます。しかし感のいい方はお気づきかもしれませんが、指定語句によってより使いやすい表現というものがあります。図表 1-3 の表現の一例でいえば、「経験」と「自己探索」は比較的 CCt として相応しい表現として使いやすく、「ものの見方」は CCt として相応しくない表現として使いやすいキーワードとなります。

　これまでの JCDA 論述試験では、事例Ⅰが CCt として相応しくない事例、事例Ⅱが CCt として相応しい事例のケースが多い傾向にありますが（今後傾向が変わる可能性もありますので必ず問題文を確認してください）、出題された指定語句を見てすぐに、どちらで使用するか仮でいいので判断できるように見立てておきましょう。また例えば指定語句が 5 つ示されていた場合は、一方だけに偏りすぎないよう、CCt として相応しい表現で 2or3 つ、相応しくない表現で 2or3 つ使用するように心がけてください。

展開の違いについて明記する

［問い 1］の問題文には、以下のように書かれています。

> 事例ⅠとⅡはキャリアコンサルタントの対応の違いにより展開
> が変わっている。事例ⅠとⅡの違いを下記の 5 つの語句（指定
> 語句）を使用して解答欄に記述せよ

単に事例Ⅰと事例Ⅱの違いを解答するだけでは不十分です。事例Ⅰと
事例Ⅱの展開の違いについてしっかりと明記するようにしましょう。

解答の型について

次に「解答の型」を皆さんに提案させていただきます。［問い 1］は
250 文字程度記載するのが 1 つの目安となりますが、文章の構成は以
下で検討し指定語句を組み込みながら記述してください。

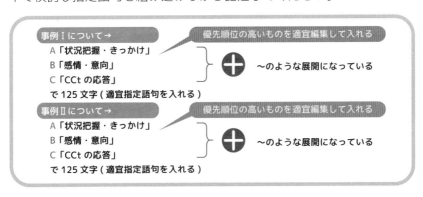

事例Ⅰについて→
A「状況把握・きっかけ」
B「感情・意向」
C「CCt の応答」
で 125 文字（適宜指定語句を入れる）

優先順位の高いものを適宜編集して入れる
➕ ～のような展開になっている

事例Ⅱについて→
A「状況把握・きっかけ」
B「感情・意向」
C「CCt の応答」
で 125 文字（適宜指定語句を入れる）

優先順位の高いものを適宜編集して入れる
➕ ～のような展開になっている

論述試験では CL の言葉を正確に拾いながら解答することが重要です。
可能な限り事例にある言葉をそのまま使うようにしましょう。特に感情・
意向について表現されている箇所を自分の言葉で要約や意訳してしまう
と、解釈やニュアンスを誤ってしまう恐れがありますので注意が必要です。
次頁で［問い 1］の解き方についてポイントをまとめます。

［問い１］　解答作成のポイント

▶ 事前準備編

- 解答文字数は 250 文字程度を目安とする。
- 可能な限り事例にある言葉をそのまま使う。
- A「状況把握・きっかけ」には直線（ー）を、B「感情・意向」には波線（〜）を、C「指摘語句に関する CCt の応答」にはまる（〇）をつける。
- 指定語句を事例Ⅰ、Ⅱのどちらで使うかを決める。
- 事例Ⅰと事例Ⅱの展開の違いについて記述する。
- 文末は「〜という展開となっている」等とする。
- 行外に記述されたものは採点されないので、行内に収めるように記載する。

▶ 解答作成編

解答作成の４ステップ

第１ステップ	指定語句をそれぞれ事例Ⅰ、Ⅱのどちらで使うかを見立てる。
第２ステップ	印を付けた A、B、C の中からより優先順位の高いものを選択し「問い１で使う」と印をつける。必ずしも１つずつに絞ることはなく、２つ以上になる場合もある。※問題文には「問い１」と記載されているが、時間短縮のため「問１」など、自分がわかりやすい書き方で印をつける。
第３ステップ	事例Ⅰは ＋ A「状況把握・きっかけ」 B「感情・意向」 C「CCt の応答」 ＋ 〜のような展開になっている 一方で事例Ⅱは ＋ A「状況把握・きっかけ」 B「感情・意向」 C「CCt の応答」 ＋ 〜のような展開になっている
第４ステップ	問題用紙の事例上で解答として使用する文言の文字数をカウントし、250 文字程度にまとめられるまで取捨選択を続ける。それぞれ指定語句を挿入し、忘れずにアンダーラインを引く。

第1章

論述試験対策

設問

事例Ⅰ・Ⅱ共通部分と事例Ⅰ、Ⅱを読んで、以下の問いに答えよ（事例ⅠとⅡは、同じ相談者(CL)、同じ主訴の下で行われたケースである）。(50点)

相談者 (CLと略)：A、48歳　女性、4年制大学卒業　自動車部品メーカー勤務に2ヶ月前から正社員として勤務

夫(52歳)、長女17歳(高校2年生)、次女15歳(中学2年生)

キャリアコンサルタント(CCtと略)：相談機関のキャリアコンサルティン

> 問1
> で使う

【事例Ⅰ・Ⅱ共通部分】

CL1：　今、正社員で働き出して2ヶ月が経とうとしているんですけど、年齢的にも覚えが悪くて、何度も同じことを聞いたり、同じ失敗をしたりで毎日が辛くてどうしたらいいのか…。

> 問4
> ブロック1
> で使う

CCt1：正社員で働き出して2ヶ月目で、覚えられなくて何度も同じ　　　たり、失敗をしてしまってお辛いんですね。年齢的にもというの　　　意味でしょうか。

CL2：　はい。教えてくれるのは自分より20歳も年下の女性の方なので、その方たちと比べてしまうとやっぱり覚えが悪いと感じてしまって…。先日、その先輩から「この間も同じこと言ったよね」と言われて、その時はもちろん気付くんですけど、忘れて同じことを聞いてしまっていたので、申し訳ない気持ちになりました。

CCt2：申し訳ないなという気持ちになった…。忘れてしまうということで、何か対策はされているのでしょうか。

CL3：　はい。しっかりメモを書いたりして自分なりに対策はしているんですが、全部を覚えきれなくて。でも、同じ時期に　社した20代の男性がいるんですけど、若いからなのか覚えも早いんで　　　　彼は前職でも同じような仕事をしていたらしいので、それもある　　　　思っているんですけど…。

> 問3
> で使う

CCt3：若い男性社員の方は覚えるのが早　と思っていらっしゃるんですね。その方を見てどう思いましたか。

CL4：　悔しいと思いました。私自身、数年前までは覚えることも苦ではなかったですし、そこにストレスを感じたことはなかったんです。だから、今のこんな自

分が情けなくも感じてしまっています。でも前職までは、一度覚えてしまえばルーティン化されていたから忘れなかったのかも知れません。

CCt4： 今は違うのでしょうか。

CL5： はい。今は、若い男性社員と月ごとに交代で業務内容が変わります。二人で同じ業務をするわけではなく、交代でお互いに違う業務をして、1ヶ月後にはまた戻るんですけど、違う業務も少しずつ増えていくので、1ヶ月経つと前に教わったことを忘れてしまっているんです。

CCt5： なるほど。そうすると、1ヶ月経つと新しいことをやっているような感覚になってしまうのでしょうか。

CL6： そうなんです。やってみると「あ、やったことがあるな」と思い出すんですけど、失敗したことを指摘されて自己嫌悪に陥ってしまいます。

【事例Ⅰ】

CCt6： でも、まだ2ヶ月しか経っていませんし、覚えられないのも仕方がないんじゃないですか。

CL7： そうなんですけど、他の先輩方を見ていると、皆さんしっかりこなしているので、このままやっていけ **問1 で使う** 自信がなくなってしまって。それに、覚える量が多くて、休日も仕 を考えるようになって、気が休まる時がありません。

CCt7： 他の先輩方ができるなら、いず A さんにもできるんし ないですか。

CL8： そうなんでしょうか。早く先輩方のようにならなければ ちいのかと、不安ばかり募って誰にも相談できずにいます。 **問2 で使う**

CCt8： ご家族の方はAさんの状況を見て何か言っていないのですか。

CL9： 心配はしてくれていますが、入社したばかりだから我慢するしかないと言っています。

CCt9： ご家族もそう言っているなら、もう少し様子を見たらどうですか。

CL10： やっぱり我慢するしかないんでしょうか。仕事以外に子どものこともあるし、家事もこなさなくちゃいけないのに、結局、そんなことは誰も分かってはくれないよねって、半ば諦めもあります。

CCt10： でも、家庭を持ちながら仕事をされている方もいらっしゃいますよね。そういう方は他にいらっしゃらないんですか。

CL11： 今は周りにはいないので、気持ちを分かってもらいたくてもできないんです。どうしたらいいのか…。

（後略）

問1 で使う

【事例Ⅱ】

CCt6： 失敗したことを指摘されて、自己嫌悪になってしまった…。

CL7： はい。迷惑をかけているのではないかと思ってしまいます。女性が6人いるんですけど、20〜30代の独身の方ばかりで、会話などでも馴染めません。孤立しないようにしたいですが、仕事の評判も良くないだろうと思うと、コミュニケーションも消極的になってしまって、最近特に悩んでいます。

CCt7： 仕事の評判も良くないだろうというのはどこからの判断なのでしょうか。

CL8： 間違ったり、同じことを聞いてしまうところを見られているので、会話にところで、覚えが悪いのに変なこ している くないと

問1 で使う　**問3 で使う**　**問1 で使う**

CCt8： 何か直接指摘されるようなことがあったんですか。

CL9： いえ、間違ったり、失敗したりしていることに対して、特に何か言われたわけでもないし、何かされたわけでもないんですけど、そういう自分のことを考えると何もなく言えなくなってしまって、相談ができないんです。

CCt9： ご自身の中で、仕事のことが影響してしまってコミュニケーションも消極的になってしまうんですね。社内では、できる いますか。

問3 で使う　**問1 で使う**

CL10： はい。先日、採用の時に関わってくださった 長との面談があって相談したところ、「2ヶ月で覚えられることじゃないから大丈夫。すぐに覚えられる人はいない」と言ってくださいました。

問2 で使う

CCt10： それを聞いてどのように思われましたか。

CL11： 話ができたことで気持ちが楽になりました。そう言っ くれる上司がいるので心強いです。今はこのままでいいのでしょうか…。

（後略）

【参考解答例】

[問い1]
事例ⅠとⅡはキャリアコンサルタントの対応の違いにより展開
が変わっている。事例ⅠとⅡの違いを下記の5つの語句（指定
語句）を使用して解答欄に記述せよ（同じ語句を何度使用して
も可。また語句の使用順は自由。解答用紙に記述する際には、
使用した指定語句の下に必ずアンダーラインを引くこと）。
（15点）

指定語句　｜　決めつけ　説得　内省　誘導　感情　｜

事例ⅠはCLが不安に感じている「覚えられない」
という悩みに寄り添っておらず、いずれできるだ
ろうとCCtの勝手な<u>決めつけ</u>による<u>誘導</u>的発言で
CLを<u>説得</u>しようとしており、具体的な展開につな
がらなかった。一方事例Ⅱは、CLの悩みを受け
止め<u>感情</u>に寄り添うことでラポールを築いている。
さらに「自己嫌悪」「仕事の評判も良くない」など
のCLから発せられるキーワードに呼応すること
で<u>内省</u>を促し、特に何か言われたわけではないが
周囲とコミュニケーションをとることに消極的に
なっているCL自身に気づかせている。
（243文字）

$\dfrac{1}{4}$　［問い2］の解き方

［問い2］
事例Ⅰの CCt7 と事例Ⅱの CCt10 のキャリアコンサルタント
の応答が、相応しいか、相応しくないかを考え、「相応しい」
あるいは「相応しくない」のいずれかに○をつけ、その理由
も解答欄に記述せよ。
（10点）

　［問い2］事例Ⅰと事例Ⅱの下線部分の CCt の応答に対して、それぞ
れ相応しいか相応しくないかを判断した上でその理由を記述していきま
す。

　この［問い2］では、キャリアコンサルタントとしての「あるべき姿」
が問われています。事例の該当箇所の CCt の発言に対して、あなた自
身が「相応しい」か「相応しくない」かを判断し、その判断した理由を
そのまま解答してください。

　前述の通りこれまでの JCDA 論述試験では、事例Ⅰが相応しくない
ケース、事例Ⅱが相応しいケースとなる傾向がありますが、その傾向が
変わる可能性も十分に考えられますので、必ず問題文を確認してから判断
するようにしてください。

［問い2］ 解答作成のポイント

▶ 事前準備編

・解答文字数は以下を目安とする
　　相応しくない：90 文字程度
　　相応しい：90 文字程度
・可能な限り事例にある言葉をそのまま使う。

▶ 解答作成編

・事例Ⅰ、事例Ⅱのどちらが CCt として相応しい応答で、どちらが
　相応しくない応答かを判断する
・事例Ⅰ、事例Ⅱの下線部分のそれぞれの CCt の応答から、相応し
　いあるいは相応しくないと判断した根拠となりそうな部分に「問
　い2で使う」等と印をつける。
・理由を問われているので、それぞれ文末は「から。」等で締めくくる。
・行外に記述されたものは採点されないので、行内に収めるように
　記載する。

解答の材料として印をつけた箇所は 23 〜 25 ページを参照してください。

【参考解答例】

［問い2］
事例Ⅰの CCt7 と事例Ⅱの CCt10 のキャリアコンサルタントの応答が、相応しいか、相応しくないかを考え、「相応しい」あるいは「相応しくない」のいずれかに○をつけ、その理由も解答欄に記述せよ。
（10 点）

事例Ⅰの CCt7（相応しい・~~相応しくない~~）
理由：「いずれ A さんにもできるんじゃないですか」と一方的な CCt の主観にもとづく考えを押し付けており、CL の不安な気持ちに寄り添う姿勢が見受けられないから。
（75 文字）

事例Ⅱの CCt10（~~相応しい~~・相応しくない）
理由：CL の状況や気持ちを丁寧に受け止める応答で内省を促し、自分には心強い上司がいるという新しい気づきを与えているから。
（57 文字）

［問い 3］
全体の相談者の語りを通して、キャリアコンサルタントとして、あなたの考える相談者の問題と思われる点を、具体的な例をあげて解答欄に記述せよ。
（15 点）

　［問い 3］ではキャリアコンサルタントが見立てる CL の表面に出ていない本質的な問題と、その根拠について具体例をあげて解答します。CL に本質的な問題に気付いてもらうことで、自律的な解決や意思決定に繋がります。

　見立ての候補は、自己能力理解不足／仕事理解不足／思い込み／自己効力感（モチベーション）低下／コミュニケーション不足／キャリアプラン不足等、複数見つかりますが、［問い 1］［問い 2］をふまえた上で根拠をもって、優先順位の高いものから 2 つ〜 3 つを選択することが重要です。

　また解答の文字数は 230 文字程度を 1 つの目安としてください。加えて見立てはあくまでも仮説ですので、断定的な書き方は避け「と思われる」「と考えられる」等で締めくくりましょう。

　次の表は、本書が推奨している CL の問題（見立て）の 6 つの型となりますので参考にしてみてください。

図表 1-4 相談者の問題（見立て）の 6 つの型

①	自己理解不足	自身の強み、弱み、能力、スキル、価値観、目標、感情、適性などについて認識不足な状況を指す。自己理解を深めるには、自己内省を促す支援が重要。
②	仕事理解不足（情報不足）	職業や職務の業務内容や要求されるスキルについての知識が足りない状態を指す。仕事理解不足によって理想と現実のギャップや不安や不満が生じる原因となる。
③	思い込み	事実や現実を無視または歪曲して信じ込んでいる状態を指す。思い込みは自己制限的な行動を引き起こし、キャリア選択や目標設定に問題が生じる。
④	周囲とのコミュニケーション不足	会社の上司、同僚、部下、あるいは家族など、自身を取り巻く周囲とのコミュニケーションが不足している状態。
⑤	中長期キャリアビジョンの不足	個人が職業生活で達成したい具体的な目標が不足している状態。特定の職種、能力の開発、職業上の地位など、その人にとっての成功のイメージを表すもの。キャリアビジョンは自己実現の道筋を示し、行動や決断の指針となる。
⑥	自己効力感（モチベーション）低下	「自分はできる自信がある」と考え、行動に移せる人は「自己効力感が高い」状態。一方で「自分にはできそうにない」と考え、行動に移せない人は「自己効力感が低い」状態である。

［問い3］ 解答作成のポイント

▶ 事前準備編

・文字数は 230 文字程度を目安とする。
・CL の問題（見立て）の候補は［問い1］［問い2］をふまえた上で
　根拠をもって優先順位の高いものから 2 つ〜 3 つを選択する。
・［問い3］と［問い4］は密接に関連させながら解答する。
・CL の問題（見立て）を書く際、各文末では断定的な表現は避け、「と
　思われる」「と考えられる」等で締めくくる。
・問題文に「具体的例をあげて」とあるので、根拠とした CL の発言
　をできるだけそのままもってくる。
・問題文に「全体の相談者の語りを通して」とあるので、事例全体を
　通して解答する。つまり、共通部分・事例Ⅰ・事例Ⅱの全てが対象。

▶ 解答作成編

・図表 1-4 相談者の問題（見立て）の 6 つの型のうちどれを選択す
　るか（2 つあるいは 3 つ程度選択する）を検討しつつ、再度、A「状
　況把握・きっかけ」（直線）および B「感情・意向」（波線）を確認し、
　使えそうな箇所に「［問い3］で使う」と印をつける。
・具体例（根拠）＋選択した CL の問題（見立て）＋「と思われる。」
　で締めくくる。
・CL の問題（見立て）として選択した数（2 あるいは 3 つ選択する）
　だけ文章をつくる。

解答の材料として印をつけた箇所は 23 ～ 25 ページを参照
してください。

【参考解答例】

［問い3］
全体の相談者の語りを通して、キャリアコンサルタント
として、あなたの考える相談者の問題と思われる点を、
具体的な例をあげて解答欄に記述せよ。
（15 点）

①「仕事の評判も良くないだろう」CL7、「特に何
か言われたわけでもない」CL9 等の発言から自己
理解不足とコミュニケーション不足、②「若いか
らなのか覚えも早い」CL3「すぐに覚えられる人は
いないと言ってくださいました」CL10 等から自分
だけが仕事を覚えるのに時間がかかるという思い
込みと仕事理解不足が感じられる点が問題だと思
われる。
（165 文字）

> ［問い4］
> 事例Ⅱのやりとりの後、あなたならどのようなやりとりを面談で展開していくか、その理由も含めて具体的に解答欄に記述せよ。（10点）

　［問い4］では、あなた自身が考える事例Ⅱ以降の面談の展開について、［問い3］で解答した見立てを踏まえて、それぞれを密に連動させながら解答しなければなりません。型として以下の3つのブロックに分けて検討すると解答しやすくなります。

ブロック1 （60文字程度）	受け止め、共感、ラポール形成等について書く。例えば「CLの今までの努力を認め、相談者の気持ちに寄り添いながら引き続きラポールの形成、強化に努める」など。
ブロック2 （180文字程度）	［問い3］で解答した問題点（見立て）に対応する具体的な応答、具体的な支援内容や問いかけ、具体的なアセスメントツール等を1つずつ対応させながら丁寧に解答する。
ブロック3 （40文字程度）	面接の終盤に向けて、今後どのように支援していくかで終える。例えば「CLが主体的に意思決定できるように支援する」「自律的に考え、CL自身が意思決定できるように支援する」「前向きに●●できるように働きかける」など。

　ブロック2の支援策については、次に挙げる主な相談者の問題と支援策を参考にしてください。

図表1-5 主な相談者の問題（見立て）とそれに対応する支援策の例

相談者の問題	支援策の例
自己理解不足	・ジョブ・カードの職務経歴シートで自分の経験や能力を整理する。 ・キャリアアンカーで自分にとって何が最も重要な価値となっているかを見つけ出す。
仕事理解不足（情報不足）	・jobtagの職業興味検査で職業興味の特徴を調べる。 ・jobtagの価値観検査でしごとの価値観を診断する。 ・jobtagを用いて業界研究を行う。
中長期キャリアビジョンの不足	・ジョブ・カードのキャリアプランシートで強み・弱み・知識・能力・スキル、価値観などを整理し、将来的に就きたい職業や、これからの仕事についての考えを明確にする。

▶ 事前準備編

- 文字数は 280 文字程度を目安とする。
- ［問い3］と［問い4］は密接に関係させること。
- 必ず［問い3］で解答した CL の問題（見立て）と関連する（問題解決につながるような）具体的な応答、支援内容や問いかけ、アセスメントツール等を検討すること。
- ［問い4］の解答は、以下の3つの構成を意識する。

ブロック1：受け止め、共感、ラポール形成等を継続

ブロック2：［問い3］で解答した CL の問題点（見立て）と具体的な応答

ブロック3：面接の終盤に向けて CL を今後どのように支援していくか

▶ 解答作成編

ブロック1（60文字程度）

- 再度、A「状況把握・きっかけ」（直線）および B「感情・意向」（波線）を確認し、ブロック1で使えそうな箇所に「問4ブロック1で使う」等と印をつける。
- 印を付けた箇所＋「引き続きラポールの形成につとめる」等で構成する。

ブロック2（180文字程度）

- ［問い3］で解答した CL の問題（見立て）に対応した具体的な応答を解答する。
- 少なくとも［問い3］で解答した CL の問題（見立て）の数だけ解答すること。

ブロック3（40文字程度）

- 面接の終盤に向けて、今後どのように支援していくかで終える。「主体的に意思決定できるように支援する」「自律的に考えて意思決定できるように支援する」「前向きに●●できるように働きかける」等で締めくくる。

解答の材料として印をつけた箇所は 23 ～ 25 ページを参照
してください。

【参考解答例】

［問い4］
事例Ⅱのやりとりの後、あなたならどのようなやりとり
を面談で展開していくか、その理由も含めて具体的に解
答欄に記述せよ。（10点）

引き続き毎日が辛いという気持ちに寄り添って悩
みを丁寧に傾聴し、信頼関係を構築する。自己理
解不足の解消に向けて、本人の同意のもと、ジョ
ブ・カード等を作成して前職の仕事なども振り返
り、適性や強み、価値観などを探るお手伝いをする。
仕事理解不足の解消として2ヶ月で覚えられる業
務ではないということを正しく認識できるよう支
援をし、業務の棚卸を行うことで自分の目標を設
定するなどができるようサポートしていく。その
上で、自身で成長を感じられるように、自律的に
前向きに仕事を進められるよう継続して支援して
いく。
（289文字）

演習問題1

[設問]

事例Ⅰ・Ⅱ共通部分と事例Ⅰ、Ⅱを読んで、以下の問いに答えよ（事例ⅠとⅡは、同じ相談者（CL）、同じ主訴の下で行われたケースである）。（50点）

相談者（CLと略）：Aさん、21歳　女性、4年制大学（経済学部）3年生
　　　　　　　　　　父（56歳）、母（54歳）、妹（高校生）と同居
キャリアコンサルタント（CCtと略）：大学キャリアセンター専任職員

【事例Ⅰ・Ⅱ共通部分】

CL1：　私は、今まで公務員になることを目標に努力してきました。でも、最近になって一般企業の方が自分には合っているのではないかと思えてきて、どうしたらいいかわからず相談にきました。

CCt1：　公務員を目標に努力してきたけれども、一般企業の方が合っているのではないかと思えてきて、悩んでいらっしゃるんですね。

CL2：　はい。公務員は大学入学時から目指していたので、公務員に絞った方がいいのか、一般企業と併願した方がいいのかわからなくなってしまいました。

CCt2：　そうでしたか。でも、大学入学時から公務員を目指していたのに、今になって、一般企業の方が合っていると思うようになったのはなぜでしょうか。

CL3：　はい。今、週に1～2回、100円ショップでアルバイトをしているんですけど、店長から「楽しんで仕事をしているよね。こういう仕事はあなたに合ってるんじゃない。」と言われて嬉しい気持ちになりました。今まで公務員だけを考えてきたんですけど、もしかすると一般企業の方が自分の性格に向いているのかもと思うようになってきて…。

CCt3：　店長の言葉に嬉しい気持ちになったというのは、何か思いあたることがあったのですか。

CL4：　はい。その100円ショップで、アルバイトでも商品企画に携われる機会をいただく時があって、数名のアルバイトで企画した商品が店先に並んだ時は、皆で大喜びしました。

CCt4：　アルバイトの方々で企画した商品が販売されたんですね。その時はどのような気持ちになりましたか。

CL5：　もう嬉し過ぎて自分でその商品を何個も買っちゃいました。しばらくは、お客様に商品を手に取ってもらえるかどうかが気になってドキドキして仕方なかったですし、達成感も感じました。

CCt5：　お客様の様子を気にしてしまうほど、嬉しさと達成感を感じられたのですね。

CL6：　はい。でも、毎週新商品が出てくるので、売れ残っているといつまでも置いておくわけにはいかず、入れ替わりが激しい商品企画の厳しさも感じることができました。一般企業で企画職に携わるのもいいなとも思ったのですが、一般企業の就職活動に向けての対策は何もしてこなかったんです。それに公務員の試験の募集ももうすぐ開始されるので、ここにきてどうしたらいいのか分からなくなってしまって…。

【事例Ⅰ】

CCt6：　一般企業の就職活動に向けての対策をしてこなかったということですが、今からでも間に合うので、どんな企業があるのかを一緒に探していきませんか。アルバイト経験を活かして企画職を募集している企業を検索していくというのはどうでしょうか。

CL7：　う～ん。アルバイトで経験したと言っても、企画職のすべてに携わったわけではないし、どういう職業かにもよるだろうし…。

CCt7：　でも、せっかくアルバイトで経験して嬉しかったという思いもあったわけですし、今からでも遅いというわけではないので、まだ募集しているインターンシップに参加してみるとか、もう少し視野を拡げていろいろな職業を見てはいかがですか。

CL8：　今からいろいろな職業を見ていくんですか？

CCt8：	企画が通って商品になったんですよね。購入されたお客さんもいたのでしょうから、とても素質があったんだと思います。
CL9：	う～ん、その時は他のアルバイトの方々と一緒に商品を考えたので、私一人ではないですし、結果売れ残りもあったので、その後の対応は社員の方々に責任がいってしまったので申し訳ない気持ちになりました。
CCt9：	<u>Aさんはまだ学生さんですし、他のスタッフの方たちもアルバイトだと分かっていて商品企画として意見をもらったのですから、そこは気にすることはないと思いますよ。</u>
CL10：	もちろんそうなんですけど、偉そうに企画をしたと言っても一人で企画したわけではないし、社員の方がバックアップしてくれたからできたこともたくさんあるので、それをアピールしても全く自信がないですし…。
CCt10：	大丈夫ですよ。アルバイトで経験したことは無駄ではないですし、せっかく経験したのですから活かさないともったいないですよ。
CL11：	はい…でも…。
	（後略）

【事例Ⅱ】

CCt6：	なぜ公務員を目標にしてこられたのか、詳しく教えていただけますか。
CL7：	やっぱり安定した職業というイメージだし、父親が公務員なのが大きいかも知れません。ここまで育ててきてもらって思うことは、高校や大学選択時も不安なく進学させてもらったので、結婚して子どもを育てながらでも安心して働けると思ったんです。
CCt7：	そうなんですね。お父様の影響が大きいと思われているんですね。
CL8：	はい、そうですね。父と同じような充実した生活を送れることが一番なんです。
CCt8：	<u>Aさんにとって、充実した生活とはどのような生活だと思いますか。</u>
CL9：	そうですね。将来が安定していて、結婚してからも無理なく働けて、お給料面も心配しないことだと思っています。でも、仕事も楽しくやりたいです。
CCt9：	Aさんにとって、楽しい仕事とはどのような仕事でしょうか。
CL10：	う～ん。楽しい仕事とは…皆で、同じ目標に向かって何かを作り上げていくということでしょうか。何かこう、ドキドキするような…。

CCt10：皆で、同じ目標に向かって何かを作り上げていくような仕事が楽しいと感じられるんですね。
CL11：そうですね。そうなってくると、公務員って皆で何かを作り上げることがあるのかな…。

（後略）

※以下の各問いに対する解答について字数に制限はありません。ただし、解答は全て解答用紙の行内に記入してください。行外および裏面に記述されたものは採点されません。

[問い 1] 事例ⅠとⅡはキャリアコンサルタントの対応の違いにより展開が変わっている。事例ⅠとⅡの違いを下記の5つの語句(指定語句)を使用して解答欄に記述せよ(同じ語句を何度使用しても可。また語句の使用順は自由。解答用紙に記述する際には、使用した指定語句の下に必ずアンダーラインを引くこと)。（15点）

指定語句　　　誘導　共感　経験　内省　決めつけ

[問い 2] 事例Ⅰの CCt 9 と事例Ⅱの CCt 8 のキャリアコンサルタントの応答が、相応しいか、相応しくないかを考え、「相応しい」あるいは「相応しくない」のいずれかに○をつけ、その理由も解答欄に記述せよ。（10点）

[問い 3] 全体の相談者の語りを通して、キャリアコンサルタントとして、あなたの考える相談者の問題と思われる点を、具体的な例をあげて解答欄に記述せよ。（15点）

[問い 4] 事例Ⅱのやりとりの後、あなたならどのようなやりとりを面談で展開していくか、その理由も含めて具体的に解答欄に記述せよ。（10点）

［問い1］（15点）

　　事例ⅠはCCはアルバイト経験を活かして企画職を募集している企業を検索していくのはどうかという発言に見られるように、自分の考えを押し付けて<u>誘導</u>しており、他にどのような<u>経験</u>があったかなどの振り返りがないまま<u>決めつけ</u>ている。これに対して、事例Ⅱは公務員を目標にしてきた理由を尋ねることで父親の影響があることに<u>共感</u>し、充実した生活を送れることが一番であるという<u>内省</u>に繋げている。更に、皆と同じ目標に向かって何かを作り上げていくことが楽しいという気づきを与えている。

（228文字）

［問い2］（10点）

事例ⅠのCCt9 （相応しい・(相応しくない)）
理由：「…そこは気にすることはないと思いますよ」とCCtが一方的に判断しており、CLの「申し訳ない」という気持ちに寄り添っていないから。
（65文字）

事例ⅡのCCt8 （(相応しい)・相応しくない）
理由：CLから発せられた「充実した生活」というキーワードを受け止め、応答し、さらに深く問いかけることによってCLの自己探索を促し、自己理解を深めているから。
（75文字）

［問い3］（15点）

　　「一般企業の方が自分の性格に向いているのかも～」CL3や「安定したイメージ」CL7等の発言から、一般企業・公務員の仕事を十分に理解しておらず、情報不足のまま一般企業の方が向いているかもしれないと思い込んでいる可能性があるため、仕事理解不足が感じられる。②「充実した生活を送れることが一番」CL8としながら、充実した生活はどのようなことなのか、中長期キャリアライフプランが不明確などから自己理解不足が見受けられる。

（200文字）

［問い4］（10点）

　　CLが公務員を目指して頑張ってきたことを労い、引き続きCLの気持ちに寄り添いつつ信頼関係の構築を図る。① CLの同意が得られれば、仕事理解や今後のキャリアビジョンを明確にしていくために、キャリアプランシートの作成を支援して、CL自身の興味や価値観、強みなどを一緒に整理していく。② CLにとって仕事をしていく上で本当に大切なことは何かを問いかけて自己理解を深め、中長期キャリアライフプランを一緒に考えることで、CLの働き方及び充実した生活の実現に向けて、CL自身が自律的に決定できるようサポートしていく。

（247文字）

✏ 演習問題 2

※演習問題 2 の解答例は LINE お友だち登録無料特典のマイページ
に掲載しています。LINE お友だち登録の方法は本書籍のカバー
の前袖と本書籍の P2 ～ 3 に掲載していますのでご確認ください。

設問

事例Ⅰ・Ⅱ共通部分と事例Ⅰ、Ⅱを読んで、以下の問いに答えよ（事例ⅠとⅡは、同
じ相談者（CL）、同じ主訴の下で行われたケースである）。（50 点）

相談者（CL と略）：A さん　男性　57 歳　菓子メーカー工場　製造部次長
　　　　　　　　　妻（57 歳）、長男（30 歳）、次男（25 歳）
キャリアコンサルタント（CCt と略）：相談機関のキャリアコンサルティング専任社員

【事例Ⅰ・Ⅱ共通部分】

CL1：	今年 57 歳になったので、定年後の働き方について真剣に考える時期かなと感じて相談に来ました。
CCt1：	定年後の働き方を考える時期になったので相談に来られたんですね。57 歳というと、定年は 60 歳ということになるのでしょうか。
CL2：	はい、そうなんです。3 年後に迎えるので、定年後の働き方を今のうちに考えておきたいんです。
CCt2：	定年後の働き方というのは具体的にどのようなことでしょうか。
CL3：	はい。自分は今の会社一筋できましたから、担当してきた工場のことしか知らないので、他の企業で活躍できる自信がないんです。
CCt3：	転職を考えた時に、活躍できるかどうか自信がないということでしょうか。
CL4：	はい、そうなんです。
CCt4：	転職を希望されているのですか。
CL5：	いえ、転職するか、このまま継続雇用を希望するかで迷っているんです。
CCt5：	なるほど、どちらにするか迷われている。なぜ継続雇用だけでなく、転職も考えるようになったのですか。

CL6：	はい。継続雇用を希望すると、後進の育成役として会社に貢献していく形になるようなんですが、地方の工場へ赴任する可能性と、それによって収入もかなり減るようなのでどうしようかと悩んでいます。

【事例Ⅰ】

CCt6：	会社に残る選択をした方が気持ち的には楽ですよね。でも、定年後の赴任は厳しいものがありますし、収入も減少してしまうようだと他で働いた方がいいんじゃないかと考えてしまいますよね。
CL7：	そうなんです。でも、菓子の製造ライン一筋で仕事をしてきて、これと言ってアピールできるものもないので、他の企業でどのように経験を活かすことができるのかが不安なんです。
CCt7：	<u>でも長年製造ラインの現場で経験を重ねてきたのですから、できることは沢山ありますよ。どこか他の企業を探したりしたのでしょうか。</u>
CL8：	いえ、何も探してはいません。体力的なことも心配なので、そういうことも含めてこれから探していければと思っています。
CCt8：	そうですか。他の企業も探してみたいと考えていらっしゃるようなので、今までの経験からお話しを伺っていきたいと思います。何か興味があることや得意なことはありますでしょうか。
CL9：	経験と言っても、ほぼ機械で製造している工場ですので、管理やメンテナンスを担当したにすぎません。しいて言えば、生産計画の立案や原材料の発注業務などの管理部門を経験しました。興味や得意としていることは得にはありません。
CCt9：	製造と言っても多種多様の部門に分かれているんですね。機械には強いんですか。
CL10：	そうですね。色々経験させてもらったのですが、メンテナンスの一部を担当していたので、全ての機械に強いわけではないです。
CCt10：	そうなんですね。できることなら一度見学に行ってみたいですね。他には何かありますか。例えば、今までやってきて嬉しかったことなど。
CL11：	うーん、とにかく現場では機械相手なので、特にはないですね。

(後略)

【事例Ⅱ】

CCt6：	会社に残ることを選択すると地方に赴任するかもしれないし、収入もかなり減ることも考えられるので悩んでいらっしゃるんですね。
CL7：	はい。子供の教育費のことを考えるとまだまだ働かないと、と思っているんです。
CCt7：	これから、お子さんの教育費がかかることが予想されるんですね。
CL8：	それだけではないんです。年金を受け取れる時期はまだ先で、どうなるか分からないので、その前にどうやって収入を得るかを考えていかないといけないと思っています。
CCt8：	経済的な要因もあって、まだまだ働かないといけないという思いがあるんですね。
CL9：	はい、そうなんです。寿命が今後伸びていくだろうと言われている中で、将来的にも現在の生活水準を維持するには、年金だけでは厳しいんじゃないかと思っています。少しはお金に余裕のある生活を送りたいですから。でも、最近では体力の低下をものすごく実感するようになりました。少し前までは何も気にせずにこなしていた仕事も今では困難に感じるようになってしまったので、体力的なことも気がかりなんです。
CCt9：	今後の金銭面と体力の低下が気がかりなんですね…。
CL10：	あとは自分が何で貢献できるのかが分からないというのもあります。これまでの仕事は、やりがいを感じながら職場の仲間と協力して働けていたので、それが一番大きかったんです。でも、もうそんな仕事はなさそうですよね。働くなら社会に貢献できるような仕事をしたいとは思っていますが…
CCt10：	社会に貢献できるような仕事をしたいと思っていらっしゃるんですね。
CL11：	はい。社会に貢献することでやりがいを感じますし、まだ自分が必要とされているような気持ちになれるので。
CCt11：	自分が必要とされているような気持ちとはどういうことでしょうか。
CL12：	最近、自分がいなくても仕事は回るし、自分は本当に必要なんだろうかと考えることが多くなってきています。もちろん部下だけで仕事が回るのは当たり前なのですが、仕事しているという実感が薄れてきています。
CCt12：	仕事しているという実感が薄れてきたのですね…。

CL13：そうなんです。だからと言って、ボーっとしているわけにもいかないし、そもそも何もしないでいることも苦手なので、できれば一生現役でいたいと思ってるんです。

CCt13：一生現役でいたいというのはAさんにとってどのような意味があるのでしょうか。

CL14：仕事をしていることで、自分の存在価値が分かると思っています。仕事をしていないと家庭や社会で居場所がなくなってしまってつらいですよね。それに加えて妻も、自分が家にいることは望んでないと思いますし…。

（後略）

※以下の各問いに対する解答について字数に制限はありません。ただし、解答は全て解答用紙の行内に記入してください。行外および裏面に記述されたものは採点されません。

[問い1] 事例ⅠとⅡはキャリアコンサルタントの対応の違いにより展開が変わっている。事例ⅠとⅡの違いを下記の5つの語句（指定語句）を使用して解答欄に記述せよ（同じ語句を何度使用しても可。また語句の使用順は自由。解答用紙に記述する際には、使用した指定語句の下に必ずアンダーラインを引くこと）。（15点）

指定語句　　　　誘導　共感　背景　経験　事柄

[問い2] 事例ⅠのCCt7と事例ⅡのCCt13のキャリアコンサルタントの応答が、相応しいか、相応しくないかを考え、「相応しい」あるいは「相応しくない」のいずれかに○をつけ、その理由も解答欄に記述せよ。（10点）

[問い3] 全体の相談者の語りを通して、キャリアコンサルタントとして、あなたの考える相談者の問題と思われる点を、具体的な例をあげて解答欄に記述せよ。（15点）

[問い4] 事例Ⅱのやりとりの後、あなたならどのようなやりとりを面談で展開していくか、その理由も含めて具体的に解答欄に記述せよ。（10点）

🖊 演習問題 3

※演習問題 3 の解答例は LINE お友だち登録無料特典のマイページ
　に掲載しています。LINE お友だち登録の方法は本書籍のカバー
　の前袖と本書籍の P2 ～ 3 に掲載していますのでご確認ください。

設問

事例Ⅰ・Ⅱ共通部分と事例Ⅰ、Ⅱを読んで、以下の問いに答えよ（事例ⅠとⅡは、同じ相談者（CL）、同じ主訴の下で行われたケースである）。（50 点）

相談者（CL と略）：A さん　45 歳　男性　高等学校卒業後電子部品メーカーに
　　　　　　　　　勤務して 27 年　妻(45歳)パート勤務、長男(14歳)中学 2 年生、
　　　　　　　　　次男（10歳）小学 4 年生
キャリアコンサルタント（CCt と略）：相談機関のキャリアコンサルティング専任社員

【事例Ⅰ・Ⅱ共通部分】

CL1：　今の会社に入社してずっと工場で働いてきたんですが、それまでいた部門が半年前に海外に移転することになりました。海外赴任するか国内の別の部署へ異動するかを選ばなければならず、結局、私は国内での勤務を希望し、販売促進部門に異動になりました。

CCt1：　海外赴任するか、別の部署に異動するかの選択があって、販売促進部門に異動されたんですね。

CL2：　はい、海外赴任も一度は考えたのですが、次男がまだ小学生ですし、長男はこれから受験なので、やっぱり家族に負担がかかってしまうと思ったら、海外赴任は決断できず、国内を選びました。

CCt2：　ご家族への負担を考えて、国内を選択されたのですね。

CL3：　はい。ですが、自分には販売業務が向いていないと感じてしまって、仕事を続けるべきか、転職した方がいいのか悩んでいます。

CCt3：　販売業務が自分には向いていないと感じて、仕事を続けるか悩んでいらっしゃるということですね。

CL4： 人前で話すことは苦手だということは上司も知っていたので、まさか販売
促進部門に異動になるとは考えていなかったんです。だから異動先が販売部
門だと聞いて、かなり落ち込みました。現在も地方出張の際には、販売店さ
んに顔を知ってもらうために営業に行っていますが、帰宅するとどっと疲れ
が出て、やっぱりなじめないなと感じています。

CCt4： なじめないと感じたのは、どういうことからでしょうか。

CL5： 販売促進部門では、各営業所の担当者と直接お客様に出向いて交渉するん
ですけど、製品説明に資料を使用しているにも関わらず、「何を説明してい
るのか分かりづらい」と指摘されたことがありました。その時は営業所の担
当者に代わってもらって大丈夫だったんですが、その後も交渉にはなじめず
にいます。一人で集中できるモノづくりの現場では、他人と関わることなく
製造スキルを向上できたので自分に向いていたんです。

CCt5： 販売促進部門で半年間頑張ってきたけれども、お客様との関係性も意識し
なければならないし、モノづくりの方が自分には向いていると思われるんで
すね。

CL6： はい。このまま販売促進部門でやっていくしかないみたいなので、工場の
仕事にはもう戻れないかと思うと、転職するのがいいんじゃないかと考える
ようになりました。

CCt6： 転職するのがいいんじゃないかと考えるようになった…。

CL7： でも、モノづくりで生かされた力がほんとに他の会社で通用するのか、そ
う簡単に見つかるものでもないと思うと、どうしたらいいのかも分からなく
て身動きがとれなくなっています。

【事例Ⅰ】

CCt7： 転職ともなると、給料面でも心配されることもありますから、早めにご家族
には相談した方がいいと思います。

CL8： そうですよね。でも、異動になったばかりで転職するなんて言ったら、生活
費だけじゃなくて学費も心配されそうだな…。

CCt8： 生活費や学費が心配なんですね。転職するとなると、今と同じような待遇を
希望されるのでしょうか。

CL9： そうなんですよね。今と同じ待遇を希望したいんですけど、なるべく一人で
集中してできるような仕事をしたいです。でも、この年齢で転職して同じよ
うな給料で退職金ももらえるのかも分からず悩んでいます。

48

CCt9： 同じような待遇が望めるかは分かりませんが、Aさんの力になれるようサポートさせていただくので、頑張って探していきませんか。このまま人前で話すことが苦手な販売促進部門にいても、モノづくりには戻れそうにないと思うので、他の会社で探した方が早いかも知れません。

CL10： 本当に転職した方が早いんでしょうか・・・う〜ん。

（後略）

【事例Ⅱ】

CCt7： 転職して他の会社で通用するのか、仕事が見つかるのかを考えて身動きがとれなくなっているんですね。

CL8： そうなんです。転職することを家族に話したら、きっと不安に感じて心配すると思うんですよね。

CCt8： ご家族が心配すると感じていらっしゃる。

CL9： はい。今まで、モノづくりに専念してきたことを知っているし、人前で話すことが苦手だということも分かっているので、異動した時も本当に心配させてしまったんです。

CCt9： 異動された時のご家族の様子をもう少し詳しく教えていただけますか。

CL10： 妻は、私がモノづくりをしていた時と販売促進部門に異動になってからの顔つきが全然違うと。モノづくりをしていた時の顔の方が生き生きしていたと言っていました。子どもたちもお父さんがいつも険しい顔をしていると言うようになってしまって…。

CCt10：ご家族からそのように言われてどのように感じましたか。

CL11： はい。やっぱり、モノづくりをしていた時は楽しかったなと思いました。集中して一つのモノを作り上げていくことは目標にもなり、達成感も得られました。でも、今の業務では達成感どころかやり残した感ばかりです。

CCt11：販売ではやり残したことがあると感じられてるんですね。

CL12： はい。やっぱりモノづくりの楽しさは忘れられないのですが、販売でもまだやれることがあるような気がします。

（後略）

※以下の各問いに対する解答について字数に制限はありません。ただし、解答は全て解答用紙の行内に記入してください。行外および裏面に記述されたものは採点されません。

[問い1] 事例ⅠとⅡはキャリアコンサルタントの対応の違いにより展開が変わっている。事例ⅠとⅡの違いを下記の 5 つの語句 (指定語句) を使用して解答欄に記述せよ (同じ語句を何度使用しても可。また語句の使用順は自由。解答用紙に記述する際には、使用した指定語句の下に必ずアンダーラインを引くこと)。(15 点)

指定語句 | 内省　誘導　共感　決めつけ　自問自答

[問い2] 事例Ⅰの CCt 7 と事例Ⅱの CCt10 のキャリアコンサルタントの応答が、相応しいか、相応しくないかを考え、「相応しい」あるいは「相応しくない」のいずれかに○をつけ、その理由も解答欄に記述せよ。(10 点)

[問い3] 全体の相談者の語りを通して、キャリアコンサルタントとして、あなたの考える相談者の問題と思われる点を、具体的な例をあげて解答欄に記述せよ。(15 点)

[問い4] 事例Ⅱのやりとりの後、あなたならどのようなやりとりを面談で展開していくか、その理由も含めて具体的に解答欄に記述せよ。(10 点)

第2章

面接 試験対策

JCDA（日本キャリア開発協会）

2-1 面接試験の全体像

2-2 面接試験でよくある相談者の一例

2-3 面接ケース逐語録（悪い例・良い例）

日本キャリア開発協会（JCDA）のホームページには、以下の記述があります。

JCDA のキャリアカウンセリングは、「経験代謝」という考え方に基づいています。「経験代謝」とは、相談者の語りのなかの「経験に映る自分」を観るということを通して、相談者が自分らしさに気づき、成長につなげるという考え方です。

　本書では紙面の都合上割愛させていただきますが、日本キャリア開発協会（JCDA）がキャリアカウンセリングにおいて「経験代謝」をとても重要視していることがわかります。本書をお読みの方は受験間近の方が多いかと思いますので受験後でも以下書籍をぜひご一読されることをおすすめします。特に後半の逐語録は実務的で大変参考になります。

『「経験代謝」によるキャリアカウンセリング』　立野了嗣著　晃洋書房

面接試験の全体像

　実際のキャリア面談は 60 分間など、比較的長い時間をとることが多いのですが、国家資格キャリアコンサルタント実技試験は、15 分間の面接＋5 分間の口頭試問で行われます。また 15 分間の面接は、あくまでも初回面談の冒頭 15 分間という位置づけとなっています。15 分間で面談のすべてを完結させ、何らかの結果を出すことまでは求められていません。

　次の図表 2-1 は、面接試験の全体像になります。

図表 2-1 面接試験の全体像

面接開始前 5 分＋面接 15 分＋口頭試問 5 分の展開パターン

面接開始前 5 分	事前の見立て	設定書を読み込んで見立ての仮説を立てる	

面接開始 ─────

前半	0:00	関係構築 ・受容・共感・自己一致の態度で相談者に寄り添い話しやすい雰囲気を作る ・受け止め、伝え返しによりラポールを築く
中盤	5:00	問題を捉える ・真の問題点を深掘りする ・見立ての検証を続ける
後半	10:00	気づき・自己探索等、展開を促す ・今後の支援策を検討

相談者を尊重する態度や姿勢（身だしなみを含む）で相談者との関係を築き、問題を捉え、面談を通じて相談者が自分に気づき、成長するような応答、プロセスを心がける。

面接終了 ─────15:00

口頭試問 5 分	・できたこと　・できなかったこと ・主訴　・見立て　・今後の支援 ・キャリアコンサルタントの資格をどう活かすか

面接前に見立てる

**面接が始まる前に
勝負は決まっている**

　試験当日は面接が開始される前に、相談者の設定が書かれた紙を係の方から渡されます。ここから面接試験開始まで少し時間がありますので、この時間を有効に活用しなければなりません。以下は、渡される設定書の一例です。

・木内信二

・61歳

・設定（例）

　大手広告代理店を3月に定年で退職。別の広告代理店に営業として再就職し、7か月目。妻58歳、娘20歳、息子25歳（独立して別居）。

　設定書には性別や年齢、簡単な職歴等が書かれています。この設定を読み込み、相談者のどのような問題が考えられるか、本番の面接試験前にしっかりと見立てておくことがとても重要です。もちろん実際の面接で相談者の話を聞いていくと、最初に考えた見立てとは異なっていることもあります。しかし面接試験で扱われやすい属性はいくつかのパターンがあるので、ここで見立てを立てておくことで、落ち着いて面接に臨むことができるようになります。

この設定の相談者の見立てとして、例えば次のようなことが考えられるかもしれません。

図表 2-2 見立ての検討例

	6つの型	考えられる見立て
①	自己理解不足	自分のスキルや強みについて正しく棚卸ができていないのではないか
②	仕事理解不足（情報不足）	会社からは若い方への指導やアドバイスも期待されている可能性があるということに気付いていないのではないか
③	思い込み	会社にも求められているのは人脈や経験を活かした営業面だけだと思い込んでいるのではないか
④	周囲とのコミュニケーション不足	若い方とコミュニケーションが不足しているのではないか
⑤	中長期キャリアビジョンの不足	転職することを当面の目的として、その会社でどのようにキャリアを活かして仕事をしていくのかが考えられていないのではないか
⑥	自己効力感（モチベーション）低下	転職したが思ったようにいかず、モチベーションが低下しているのではないか

　面接が開始される前、少し時間がありますのでにこの設定書から相談者の見立てを2つないし3つほど必ず検討してください。事前に見立てることで安心して面接にのぞむことができるようになります。ここではこの事前見立てが合っているのかどうかは関係ありません。むしろ間違っていることの方が多いかもしれません。この後の15分の面接の中で、事前にあなたが立てた見立てを検証していくことこそが重要です。

　面接が始まる前に勝負は決まっているのです。

再掲 図表 1-2 相談者の問題（見立て）の6つの型を思い出しながらあなたも一緒に考えてみてください。

再掲 図表 1-4 相談者の問題（見立て）の6つの型

①	自己理解不足	自身の強み、弱み、能力、スキル、価値観、目標、感情、適性などについて認識不足な状況を指す。自己理解を深めるには、自己内省を促す支援が重要。
②	仕事理解不足（情報不足）	職業や職務の業務内容や要求されるスキルについての知識が足りない状態を指す。仕事理解不足によって理想と現実のギャップや不安や不満が生じる原因となる。
③	思い込み	事実や現実を無視または歪曲して信じ込んでいる状態を指す。思い込みは自己制限的な行動を引き起こし、キャリア選択や目標設定に問題が生じる。
④	周囲とのコミュニケーション不足	会社の上司、同僚、部下、あるいは家族など、自身を取り巻く周囲とのコミュニケーションが不足している状態。
⑤	中長期キャリアビジョンの不足	個人が職業生活で達成したい具体的な目標が不足している状態。特定の職種、能力の開発、職業上の地位など、その人にとっての成功のイメージを表すもの。キャリアビジョンは自己実現の道筋を示し、行動や決断の指針となる。
⑥	自己効力感（モチベーション）低下	「自分はできる自信がある」と考え、行動に移せる人は「自己効力感が高い」状態。一方で「自分にはできそうにない」と考え、行動に移せない人は「自己効力感が低い」状態である。

面接15分間の展開パターン
（マイクロカウンセリング技法）

　面接の15分間は、マイクロカウンセリング技法の「基本的傾聴の連鎖」を活用していきます。具体的には、図表 2-3　マイクロカウンセリング技法の階層表にある、開かれた質問、閉ざされた質問、はげまし、いいかえ、要約、感情の反映を15分の面接のなかで連鎖的に繰り返し用いることでラポールを形成し、真の問題点を深堀りして、相談者の自己探索や気づきを促していきます。

図表 2-3 マイクロカウンセリング技法の階層表

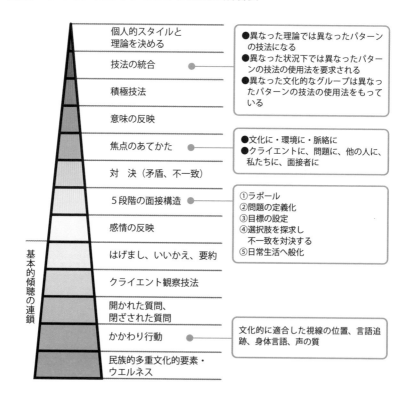

面接の 15 分間を通して『相談者を尊重する態度や姿勢（身だしなみを含む）で、相談者との関係を築き、問題を捉え、面談を通じて相談者が自分に気づき、成長するような応答、プロセスを心がける』ことが求められます。この 15 分間を前半・中盤・後半の 3 つのブロックに分けると、それぞれの時間帯でそれぞれ次のように展開することが求められます。

---

①（前半）開始〜 5 分程度

＜関係構築＞

・受容、共感、自己一致の態度で相談者に寄り添い話しやすい雰囲気を作る
・受け止め、伝え返し等によりラポールを築く

②（中盤）5 分〜 10 分程度

＜問題を捉える＞

・真の問題点を深堀りする
・見立ての検証を続ける

③（後半）10 分〜 15 分程度

＜気付き・自己探索等展開を促す＞

・今後の支援策を検討

再掲 図表 2-1 面接試験の全体像

面接開始前 5 分＋面接 15 分＋口頭試問 5 分の展開パターン

面接開始前

5分 | 事前の見立て | 設定書を読み込んで見立ての仮説を立てる

面接開始 ────────────────────────

0:00

前半	関係構築

・受容、共感、自己一致の態度で相談者に寄り添い話しやすい雰囲気を作る
・受け止め、伝え返し等によりラポールを築く

5:00

| 中盤 | 問題を捉える |

・真の問題点を深掘りする
・見立ての検証を続ける

10:00

| 後半 | 気づき・自己探索等、展開を促す |

・今後の支援策を検討

面接終了 ──────────────── 15:00

5分 | 口頭試問 |
・できたこと
・できなかったこと
・主訴
・見立て
・今後の支援
・キャリアコンサルタントの資格をどう活かすか

相談者を尊重する態度や姿勢（身だしなみを含む）で相談者との関係を築き、問題を捉え、面談を通じて相談者が自分に気づき、成長するような応答、プロセスを心がける。

COLUMN

　キャリアコンサルタントの面接試験では、シュロスバーグの4S を活用することができます。シュロスバーグは転機（トランジション）を①予測していた転機、②予測していなかった転機、③予測していたことが起きなかった転機の3つに分類しましたが、転機を対処する際に点検すべき4つの資源が4S です。

　シュロスバーグが提唱した4S は状況（situathion）、自己（self）、支援（support）、戦略（strategy）の4つです。面談ではどのような事を確認していけばよいか、具体例を挙げます。

状況 （situation）	・現在の状況 ・転機のきっかけ・原因 ・状況がどのくらい続いているか ・転機によってどのような影響があったか
自己 （self）	・自分の気持ち ・知識やスキル ・大切にしていること ・仕事とそれ以外のバランス ・自身があるか ・変化にどのように対応しようと思っているか
支援 （support）	・家族、同僚、上司など周囲との人間関係 ・応援してくれる人はいるか ・支援してくれる機関はあるか ・キーパーソンはいるか
戦略 （strategy）	・今後どうしていきたいか ・今後どのようになってほしいと思うか

　これを読んでいただいている方は受験間近の方が多いかと思います。今すぐに4S を実践で取り入れることが難しいようでしたら、受験後でも構いませんので、面談に取り入れて活用してみてください。

口頭試験対策（5分）

　口頭試問も評価の対象になっており、自分はどのように面接をしたかを客観的に振り返ることが求められています。口頭試問では次のようなことを問われます。面接によっては必ずしも6問問われると決まっているわけではありませんが、常にこの6つは最低限答えられるように準備をしておきましょう。

> ①できたことを教えてください
> ②できなかったことを教えてください
> ③相談者の主訴は何でしょうか
> ④キャリアコンサルタントからみた相談者の問題点は何でしょうか
> ⑤今後どのように支援をしていきたいですか
> ⑥キャリアコンサルタントの資格をどのように活かしていきたいですか

　ここで最も注意していただきたいのは、誰からか借りてきた言葉ではなく、あなたの自身の言葉で自分らしく伝えていただきたいということです。本番当日の面接では誰もが緊張するものです。15分の面接があなたの思うようにいかないかもしれません。そんな時こそ、目の前の試験官に一生懸命自分の言葉で相談者や面接の状況を、できるだけ客観的に伝えてください。たとえ15分の面接が思うようにいかなかったとしても、試験官はあなたのことを『この受験者はそれを客観的に把握できているのか、この失敗を今後の実務で改善してキャリアコンサルタントとして成長していけるのか』という視点に立ってこの口頭試問をしてくれているのだと信じて、最後まで諦めずに目の前の試験官に対して一生懸命あなたの言葉で伝えてください。

　それぞれをどのように答えればよいか、次頁に一例を挙げますので参考にしてください。

①できたことを教えてください

（例）できたこととしては、相談者の方が転職時に考えていた人脈を活かした仕事ができていないという悩みに寄り添い、ラポールを形成しながら話をお伺いしていくことで、少し若手の方々との関わりについて気付きを促すことができたということです。

②できなかったことを教えてください

（例）できなかったこととしては、わかりづらい問いかけをして相談者の方が答えづらい状況を作ってしまったことです。また焦って早口になってしまったので、今後は落ち着いて対応したいと思います。

③相談者の主訴は何でしょうか

（例）会社からは人脈を活かして新規顧客を開拓し、売上を挙げることを求められているが、思ったように新規開拓ができて折らず悩んでいるということだと思います。

④キャリアコンサルタントからみた相談者の問題点は何でしょうか

（例）自分の強みは主に人脈なのではないかと考えている自己理解不足、会社に求められていることは、売上への貢献だけではなく、経験を活かして若手の育成に貢献することも期待されているのではないかということに気づいていない仕事理解不足、また若手の方とは淡々としたやりとりしかしていないというご発言からコミュニケーション不足が考えられると思います。

⑤今後どのように支援をしていきたいですか

（例）転職して思うように会社に貢献できていないという悩みに寄り添い、これまで努力されてきたことを労いつつ、ラポールを深めていきます。まずは相談者の合意のもと、自己理解不足の解消に向けてキャリアプランシート等を使って仕事の棚卸を行い、ご自身の強みを確認していきます。期待されていることは売上への貢献だけではないのではないかという気付きをさらに深堀し、会社から求められていることに対しての仕事理解を深める支援を行います。さらに若手の方に対して、相談者の方が積極的に関わること等コミュニケーション不足の解消につながる支援をします。このような支援により相談者の方が自律的に考え、前向きに仕事に取り組めるよう支援を継続していきたいと思います。

⑥キャリアコンサルタントの資格をどのように活かしていきたいですか

⑥については（例）は掲載しません。あなた自身の意向を準備してください。

面接試験でよくある相談者の一例

　2-1 でもお伝えしましたが、相談者の属性や悩みは年齢と性別によって悩みの傾向があります。もちろん相談者の悩みは千差万別でここに全てを挙げることは不可能ですが、実際の試験では自分の性別や世代と異なる相談者の対応をすることもありますので、ある程度自分とは違う悩みの傾向を予め知っておくことで、落ち着いて面接にのぞむことができます。

女性相談者の一例

※あくまでもほんの一例です

20代	短大を出て専門的な仕事に進んでよいのかわからない 就職活動が上手くいかない 新しい仕事を任されるが、上手く運営できる自信がない 上司が変わってついていけない 契約社員で満期になったが更新したほうがよいかわからない
30代	新しい部署に馴染めない 育児休業後復職を考えるも、家事・育児と仕事を両立できる自信がない 不妊治療をしながら仕事ができるか不安 育児休業後の自分と昇進した同期の違いに悩む 契約社員から正社員になるかどうか
氷河期	昇進を打診されるが、自分に務まるかわからない 部門移動を打診され、家事と仕事の両立できるか不安 転職先で上手くいかない 仕事を任されるも評価されない
中高年	経験を認められて転職したがメンバーを上手くまとめられない 仕事と介護との両立で悩む 体力や気力が衰える

男性相談者の一例

※あくまでもほんの一例です

20代	就職活動で憧れの仕事に受からない
	内定が出たが就職してよいかわらかない
	就職浪人をしているが、思うように就活ができない
	就職をしたが公務員になろうか悩む
	海外赴任を希望したが、地方転勤が決まり、転職を考える
	クレームがあり、自分の仕事の進め方に自信がない
	契約社員だが契約を更新してもらえない
	希望した配属先につけなかった
	企業の縮小にあたり、転職を考える
	自分に向いている仕事がわからず短期アルバイトを繰り返す
30代	リーダーに昇格したがどうすればいいかわからない
	転職を考えるも、何度も転職をすることに不安を感じる
	上司から指示された初めての仕事をこなせるか不安
氷河期	仕事が向いていないので転職を考える
	上司に否定されてやる気がわかない
	部下の退職に伴い課の運営に悩む
中高年	出向に対し気持ちの整理がつかない
	定年退職後仕事を続けるか転職をするか
	新しいオンラインツールなどの変化についていけない
	若手社員との接し方に悩む
	定年退職を迎えるがまだ学費がかかる
	不安や怒りをコントロールできなくなっている
	仕事と介護の両立で悩む

2/3 面接ケース逐語録（悪い例・良い例）

　ここからは3つの面接ケースについて、悪い例と良い例を逐語録の形でみていきます。それぞれにポイントも記載しておりますので、参考にしてください。

ケース1

<相談者概要>

相談者	佐藤さん（45歳）女性　長男（15歳）、長女（13歳）
状況	専業主婦で育児に専念してきたが、下の子供が中学生になったのを機に働き始めたいと思っている。

悪い例（ケース1）

CCt01
　はじめまして。
本日担当します、キャリアコンサルタントの井口と申します。よろしくお願いいたします。

CL01
佐藤です。
よろしくお願いいたします。

CCt02
佐藤さん、今日はどのようなご相談でいらっしゃいましたか。

CL02
どうしたらいいのか分からなくなってしまいました。
何から話せばいいのか…。

CCt03
わかりました。
では、こちらからお聞きしますが、現在、 …… 働いていらっしゃるんですか？

> クローズドクエスチョンで、聞きたいことを一方的に聞いている。CL が自由に話せないので、得られる情報のクオリティが低い。

CL03
いえ、専業主婦です。

CCt04
では、お仕事を探されているというご相 …… 談でしょうか？

> 一方的な決めつけ

CL04
はい。

CCt05
希望している仕事はあるのですか？ ……

> ラポールを築く前に、いきなり事柄の質問をしている

CL05
はい。
できれば以前やったことのある事務職を
希望しています。

CCt06
事務職ですか…（険しい顔で）。
専業主婦になってどのくらいでしょう
か？

CLに不安を感じ
させるような応答

CL06
15年ですね。

CCt07
15年ですね。
佐藤さんが働きたいと思われたのはなぜ
でしょうか？

CL07
今まで専業主婦で子育てに頑張ってきた
のですが、二人の子どもの手が離れたの
をきっかけに、正社員として働きたいと
思ったんです。
でも、書類選考や面接で落ちてしまって
悩んでいます…。

やっと気になって
いることが言えた

CCt08
なるほど…。
どのくらい応募されたのですか？

話したいことや、
困っている気持ち
には寄り添わず、
自分の知りたい情
報をクローズドク
エスチョンで立て
続けに聞いていく

CL08
10社になります。

CCt09 全て事務職として応募されたのでしょうか？

CL09 はい。

CCt10 どのようにして応募先をみつけられたのでしょうか？

CL10 ネットを利用して登録できるようなところがあったら登録して…チラシも見たり…家から近いところで事務を募集していればすぐに応募しました。でも、書類を送っても何の連絡もなかったり…返されてきたりも。
理由を知りたくて、こちらから電話をしたこともあるのですが、お答えできないと言われてしまって。
面接に行けば行ったで「経理の経験は？」「英語対応はどうですか」とできないことばかり聞かれてしまって、できないと言うと「今回は残念ですが…」ばかりで…何もできずに今に至ってしまっていて…どうしたらいいのか…もう…。

CCt11 （さえぎって）佐藤さんは、これまで、どんなお仕事をしてきたんですか？

困っている気持ちには寄り添わず、自分の知りたい情報をクローズドクエスチョンで立て続けに聞いていく

第2章　面接試験対策

67

CL11

はい。
短大を卒業し、その年に入社して結婚し、出産で退職するまでの9年間、メーカーでオフィス業務をやっていました。
特に複雑な仕事はなく、誰にでもできるような一般事務です。
私が在籍していたのは15年前くらいですが、電話対応や簡単なメールの返信、お客様へのお茶出し、会議資料の作成や受注入力などです。
他には、部のみんなからの報告書作成や新人研修なども担当して…。
その後は子育てに専念していたので何の仕事もしていないんですが、一度だけ、子供が小学校に上がって、学校に行っている間だけ自宅から近い倉庫でのパートをしていたのですが、学校や子供のことで休むことが多くて長くは続けられませんでした。
やっと時間の融通がきくようになったので、働きたいなと思って…それで…。

CCt12

（さえぎって）なるほど、倉庫のお仕事ではどんなことをしていたんですか。

CLが話したいことには関係なく、知りたいことを質問

CL12

えっと…倉庫では、エリアごとに担当が
分かれていて、配送のカウントやピッキ
ングをやっていました。
当日、指示があって他のエリアの手伝い
に行ったりすることも。
仕事は指示された通りこなすように努め
ていましたが、夕方には子供たちが学校
から帰宅するので、なるべく家にいるよ
うにしていたので、時間的にも大変でし
た。
パートだと契約期間ごとに更新されるか
どうか心配で、正社員であればそんな心
配もなく、安定して働けるかなと思って
います。
主人の会社ではコロナの影響を受けて厳
しいらしく収入も激減しました。
それでも子供は塾に通っているので、変
わらず費用はかかりますし、長男は高校
受験の年なので、受験費用から入学金も
かかってきます。
パートで家計を補おうとしても無理があ
りますよね…。
子供の教育費がこんなにもかかるとは知
らず…。

> 話したいことを聞いてもらえないので CL が一気に自分から色々と話し始め、CCt は聞くだけになってしまう

CCt13

なるほど…えっと…様々なご家庭の事情
があるようですが…それで佐藤さんは…

> CL の話に寄り添わず、様々な事情とまとめてしまっている

倉庫にはパートさん以外に正社員の方も
いて、お休みは決まっておらず、24 時
間シフト勤務だと言ってました。

私は子供もまだ小さいので、夜中の勤務
や土日の仕事は難しくて…前に勤務して
いた会社では営業さんのサポートでした
ので、私がお客様と話すことはほとんど
なかったんです。

なので、事務職以外で仕事を探すことは
考えていないです。

親しい友人の中に事務職の派遣社員をし
ている人もいて、派遣契約が切られると
大変だと話していたのを思い出して不安
になって…。

だから、業種は気にしないので、正社員
として採用してくれるところに応募して
いるのですが、履歴書が全く通らないし、
やっと書類が通ったと思ったら、面接で
「佐藤さんは何が得意なんですか」と言
われて、結局不採用で、…もうどうした
らいいのか分からなくなってしまって。

一緒に探している友人は、もう正社員
じゃなくて、このまま派遣でやっていく
と言ってるんですけど、納得がいかない
のか不満ばかり言っていて…それを聞い
たりすると、やっぱり正社員だなって。

あの佐藤さんとても言いにくいんですが、事務の雇用は、今ではパートや派遣が多いんです。
参考データですけど、8月現在の一般事務の正社員の有効求人倍率では 0.25 倍です。
数は少ないですが、4人に1人の割合で求人はあります。
ですが、年齢制限なしと記載してあっても、やっぱり長く勤めていただきたいので、年齢が若い方が採用されやすいようです。

CCt が CL の話をさえぎって、事務職求人が少ないことを話し始めてしまっている

んー…そうなんですね…。

はい。なので、事務職希望となると、年齢的に厳しくなると思います。
それと、なぜ、佐藤さんは正社員にこだわるのでしょうか？
正社員になると、パートと比べて多岐にわたる業務を任せられ、責任も大きくなって困難が伴うと思うんです。
佐藤さんは、今でもそのような困難に立ち向かう覚悟をお持ちですか？

現実を検討してほしいのかも知れないが、希望を失わせる応答

71

CL15 困難に立ち向かう覚悟ですか、うーん、どうかなぁ…子供たちの成長に伴って、教育費も必要になってきました。
これまでは育児が最優先でしたけど、子供たちも留守番できるようになったので、長く働き続けていける正社員がいいなと思ったんです。
正社員の仕事が決まったら頑張りたいと思っていたんですけど…。

CCt16 そうですか。では、事務職以外の正社員も探していくといいのではと思います。
有効求人倍率のデータから、土木は6倍、介護サービスでは3倍、タクシー運転手を含めた自動車運転では2倍なんですね。
求人1人につき2件以上の求人募集があって入りやすいと思いますよ。
ハローワークでは無料で介護系の資格取得できるものもありますよ。

> CL の意向を確認せず、一方的に自分が知っている情報を伝えている

CL16 介護ですか…。
事務職以外の仕事を考えてこなかったので…。

CCt17

もし、正社員を目指すのであれば、一般事務以外の仕事や介護業界なども視野に入れる必要があります。
介護の現場での職場体験もなども参考にしていただければと思います。
なんでも実際にやってみないと理解することはできませんから。思いがけず自分に適していることもあるかもしれませんので、選択肢を広げて行きましょう。
先ほど 10 社受けられたとおっしゃっていましたが、正社員を目指すのであれば、40 代の方ならば 100 社くらいは応募してみる覚悟で臨んでください。挫折せずに頑張りましょう。

> 励ましているつもりかも知れないが、逆効果になっている

CL17

えー！？ 100 社！？

CCt18

他の皆さんもそのくらい頑張っていらっしゃるので、佐藤さんも頑張りましょう。では、ご連絡をお待ちしています。

> 驚いている CL の気持ちには何も対応せず、一般的な方法を押し付けている

73

良い例（ケース１）

CCt01

はじめまして。
本日担当いたします、キャリアコンサルタントの井口と申します。
よろしくお願いいたします。

CL01

井口さん、佐藤と言います。
よろしくお願いいたします。

CCt02

佐藤さん、本日はどのようなご相談でいらっしゃいましたか。

CL02

どうしたらいいのか分からなくなってしまって、頭の中が整理できてなくてどこから話せばいいのか…。

CCt03

どうしたらいいかわからなくなってしまったんですね。
お話になりやすいところから自由にお話いただいて大丈夫ですよ。

> 話しやすい雰囲気づくりで、自由に語れるよう促している

74

CL03

これまでは専業主婦として子育てに専念してきましたが、二人の子供の手が離れたのをきっかけに、正社員として働きたいと考えているんです。

出産前に経験した事務の仕事に応募していますが、何度も面接や書類選考で落ちてしまって悩んでいます。

こんなに頑張って応募し続けているのに、自信を失ってしまって、かなり落ち込んでいます。

私を採用してくれる会社があるのかどうかも心配です。

> 自由に話すことによってクオリティの高い情報が得られる

CCt04

二人のお子さんの手が離れたのをきっかけに、正社員として働きたいと思われたんですね。

でも、何度も面接や書類で落ちてしまって、自信がなくなってしまって落ち込んでいらっしゃるんですね。

> 受け止め

CL04

はい、そうなんです。

CCt05

気落ちされている中、こちらまで来ていただいて、佐藤さんのなんとかしたいというお気持ちが感じられます。

> 励まし

75

CL05 友人の勧めで、思い切って来ました。
どうすれば良いのか教えて欲しいです。

CCt06 そうですね。
今後はどうしたら良いか一緒に考えていきましょう。
お話しによると、頑張って応募されたようですが、どのような課題があると思われますか？

> 教えてもらう、という受け身から、共同作業に変える関わり

CL06 それが全く分からなくて…。

CCt07 では、どのようなアプローチで就活を進められたのか、具体的に教えていただけますか？
そこから新たなアイデアやヒントが見つかるかもしれないので。

> CL が話しやすいように、論点を絞って問いかけている

CL07 はい。これまで 10 社ほど応募してみましたが、面接に進むことができたのは 1 社のみで、他の企業では書類選考を通過することすらできませんでした。
履歴書の書き方を調べたり、何度も書き直しをして、自分なりに努力しましたが、なかなか成果は上がりませんでした。
提出した書類は返却されるばかりなので、理由が知りたくて問い合わせをしても教えてはもらえませんでした。

CCt08

" 1 社は、面接まで進めたんですね。

…… 1 社は面接まで進めたことを労っている

CL08

はい…でも、採用されませんでした。
学生時代以来の採用面接で、緊張のあまり上手に話すことができませんでした。
初対面の人とうまくコミュニケーションを取ることがどうも苦手で、「経理のスキルはありますか？」とか「英語で対応することは可能ですか？」と聞かれた際に「できません」と答えるしかなくて、結果的に不採用になってしまいました。
年齢が 45 歳になり、ブランクも長いですから、正社員で働くことは無理なのかもしれません。

CCt09

" 本当に頑張ってこられたのですね。
確かに、年齢が進むことで厳しい状況はありますが、それでも正社員で採用された方も多くいらっしゃいます。
ブランク期間中は子育てをしておられたんですよね。
私は、その経験から得たことや成長したこともあるのではないかと感じました。

…… 受け止め、労い、本人が気づいていないリソースへの気づきの促し

CL09

" そうなんですか…。

第2章

面接試験対策

77

CCt10 それに、ご自身で 10 社もの応募先を見つけて、辛抱強く応募してこられたんですね。
私がお手伝いできることもありますので、一緒に取り組んでいきましょう。

労い、共同作業にするための働きかけ

CL10 なんだか少しホッとしました。
どうかよろしくお願いいたします。

CCt11 佐藤さんがこれまでどんな経験を積まれてきたのか、そして今後どんな働き方を希望されているのか、教えていただけますか？
面接でも聞かれる内容ですし、私と一緒に整理しておけば後で役立つ可能性もありますので。

何のための質問かを説明している

CL11 はい、分かりました。

CCt12 ご結婚される前は事務のお仕事をされていたと仰ってましたが、そこをもう少し詳しくお聞かせいただけますでしょうか？

最初の発言をここで深掘りしている

CL12

はい。短大を卒業し、その年に入社して
結婚し、出産で退職するまでの9年間、
メーカーでオフィス業務をやっていまし
た。
特に複雑な仕事はなく、誰にでもできる
ような一般事務です。
私が在籍していたのは15年前くらいで
すが、電話対応や簡単なメールの返信、
お客様へのお茶出し、会議資料の作成や
受注入力などです。
他には、部のみんなからの報告書作成や
新人研修なども担当しました。

CCt13

多岐に渡って事務職をこなされて、お仕
事としてはどうでしたか？

複雑な仕事はな
く、誰にでもでき
るような一般事
務、という発言か
ら自己効力感の低
さをアセスメント

CL13

仲間からはいつも感謝の言葉をいただい
たりして、喜びや達成感からやりがいも
感じていました。

CCt14

やりがいを感じられていたんですね。
当時の業務の中で、特に喜びや達成感を
感じた瞬間があれば、それについて覚え
ている範囲で構いませんのでお話しいた
だけますか？

やりがいという気
持ちを表す言葉を
拾い、さらに深掘
りしている

CL14 　"喜びや達成感…。新人研修は本当に楽しい思い出になっています。
その時の後輩たちは、まだ働いていて会社に貢献しています。
今も連絡を取り合っているので、会社の様子を教えてくれたりするのですが、そうやって何も分からなかった後輩たちが少しずつ成長していっているのを見ていると、今後が楽しみなんです。
電話対応もままならなかった人でも、今では堂々と自信を持ってお客様の対応をしているので。

CCt15 　"お仕事をなさっていて、非常に充実感を感じられていたんですね。
では逆に、苦労されたことなどは何かありますか？

CL15 　"そうだなぁ…新人研修時期である毎年 4 月は忙しくて大変でした。
入社して間もないうちに退職を希望する人もいたりして、その相談に乗ったりしたこともありました。
でも、今では苦労というより懐かしい思い出になっていますね。

CCt16

苦労を乗り越えて懐かしいと感じられるようになったんですね。
お仕事を通して、これは成長につながったなとか、習得したなと思ったことは何だと思いますか。

> 過去の経験から強み などを探っている

CL16

そうですねぇ…成長につながったかどうかは分かりませんが、人をサポートすることが好きなんだと思います。
常にそのような役割だったような気がします。
プロジェクトの進行をまとめたり、後輩たちの成長を目の当たりにしてやりがいを感じていました。それぞれの個性に合わせて適切なアプローチをすることが必要なんだと。
あ、子育てもそれに近いかも知れませんね。

CCt17

子育てと共通するところがあるんですね。
人を育てたりサポートしたりするところが、佐藤さんの得意なところであり、強みになるのかもしれません。
自身の仕事について大したことはしていないとおっしゃっていましたが、後輩の成長を通じて会社に貢献されていたように私は感じました。

> 強みの明確化とポ ジティブフィード バック、適切な励 まし

さきほど、「自分を採用してくれる会社があるのかどうか」と心配されていましたが、私はどんな職場でも人々をサポートする役割はとても重要だと思っています。

CL17 そうなんでしょうか。何だか嬉しいです。ありがとうございます。

CCt18 佐藤さんのできることや強みなどが、適切に応募先に伝わるようにしたいですね。
その点はどうでしょうか？

CL18 誰にでもできる仕事だと思っていたので、書類には自分の強みとして書いていなかったです。

CCt19 子育てをしてきたことで身についた能力などはどうでしょうか？

気づきを促している

CL19 えっ？子育てのことでも書けることがあるんですか？

CCt20 社会的なスキルが高い人材は、職場によって重要視されることもありますよ。

CL20

そうですよね。
書類を見直したいと思います。
書類も見ていただけますか。

CCt21

承知しました。
ぜひ一緒に書類を見直していきましょう。
ところで、今回は 10 社応募されたということですが、全て事務職での応募だったのでしょうか？

CL21

はい。経験した仕事ならアピールもしやすいと思って…。
それに初対面の人と話すことに苦手意識があって、営業職よりも事務職かなと思ったんです。
子供もいるので土日休みが希望なので、サービス業なども厳しいかなと。

CCt22

自分の得意なことや家族の状況、経験を考慮して事務職を選択されたんですね。
正社員を希望される背景としてはどのような思いがあるのでしょうか？

> 正社員になりたい背景を確認することで自己探索を促している

CL22

　パートで倉庫の仕事をしていたことがあるのですが、契約期間ごとに更新されるかどうか心配でした。
　親しい友人の中には事務職の派遣社員をしている人もいて、派遣契約が切られると大変だと話していたのを思い出して不安になったのもあります。
　子供も成長し、教育費もかさむので、長く働き続けていける正社員がいいなと思ったんです。
　お仕事が決まったら、全力で頑張りたいと思っています。

CCt23

　なるほど…正社員として全力で取り組みたいというお気持ちなんですね。
　初対面の方との会話が苦手だとおっしゃっていましたが、佐藤さんの思いはしっかり伝わってきましたよ。
　これから一緒に頑張って行きましょう。

感情の受け止め。励まし

CL23

　はい。どうかよろしくお願いいたします。

ケース2

<相談者概要>

相談者	村上透さん（26歳）男性
状況	無職。親の定年が数年後に近づき、自立して働くように言われている

悪い例（ケース2）

CCt01
はじめまして。キャリアコンサルタントの向井と申します。
本日はよろしくお願いいたします。

CL01
村上です。よろしくお願いします。

CCt02
本日はどのようなご相談でいらっしゃいましたか。

CL02
…今、無職なんですが、親から相談に行きなさいと言われて来ました。

CCt03 村上さんは、今、お仕事はしていらっしゃらないんですね。

 CL03 はい。

 CCt04 親御さんは心配されていらっしゃるでしょうね。
親御さんはどのようにおっしゃっているのでしょうか。

> CL より親の気持ちに同調

 CL04 親から正社員になれってずっと言われています。
この間も「近所のスーパーとかに社員募集って書いてあるから面接に行ってきたらどうだ」とか言ってきて。
それは気が進まないと言ったら、こちらに来て、どうしたらいいのか相談してきなさいと…。

 CCt05 なるほど、そういうことなんですね。
ご両親の心配もあって正社員になりたいと思ったけれども、スーパーは避けたいと思ってるんですね。
こちらでは、お仕事を見つけるための様々なテストも受けられますので、一緒に探していきましょう。村上さんの最終学歴は大学ですか？

> ・誤った要約
> ・立て続けにクローズドクエスチョン

CL05

いえ、専門学校です。

CCt06

専門学校では、何を学ばれていたんですか？ ……… クローズドクエスチョン

CL06

ゲームを学んでいました。

CCt07

専門学校で就職活動はされたのでしょうか？ ……… クローズドクエスチョン

CL07

いえ、しませんでした。

CCt08

なぜ、就活をされなかったのですか？ ……… CLの気持ちに寄り添わず、攻めるような問いかけ

CL08

行きたい企業があったんですけど、大卒のみの採用で応募できませんでした。

CCt09

ほかの企業への応募はしなかったのですか？

CL09

ゲーム学科には 50 人くらいいるんです
が、ゲーム関係の企業に 3 人就職できれ
ばいいほうなんです。
就活が大変だということはわかってたん
ですけど、やっぱりゲーム業界に進みた
くて…。
クラスには他の企業に就職した友人もい
ますが、自分はゲーム以外の仕事には興
味がなかったので、それ以外は考えられ
ませんでした。

CCt10

村上さん、正社員になりたいと思われる
のであれば、あまり 1 つのことにこだわ
らず、もう少し興味の幅を広げられたら
良いんじゃないでしょうか。
私もお手伝いしますので、後でゆっくり
考えましょう。
あと…資格などは持っているんですか？

CL の興味を軽く
扱っている

CL10

いえ、持っていません。

CCt11

アルバイト経験はありますか？

自分が聞きたいこ
とを立て続けに質
問

CL11

はい、あります。

第2章

面接試験対策

CCt12

66 どのようなアルバイトだったんですか？ ┈┈┈ クローズドクエスチョン

CL12

システム開発のテストに関わる仕事でした。

CCt13

66 それはいいですね。
システム開発関連の業界は人材が不足しているという話も聞きますので、色んな ┈┈┈ 勝手に評価をしている
選択肢があると思いますよ。
どれくらいやられていたんですか？

CL13

半年ほどで辞めました。

CCt14

66 半年で辞められた理由をお聞きしてもいいですか？

CL14

親から「アルバイトは仕事として認められない。正社員になれ。」と言われて辞めることになりました。
それからはやる気がでなくて、何もしていません。

CCt15

> ご両親は、正社員としてお仕事に就いて欲しいと願ってるんですね。
> そのお気持ちはよく分かります。
> 非正規雇用だといつ辞めさせられるかわからないし、待遇も全然違うから、正社員になりたいと思う人は多いんですよ。
> 30代、40代と年齢を重ねるほど難しくなってくるので、20代の今のうちに自立していけるよう頑張りましょう。

⋯⋯ 説教になっている

CL15

> うーん…自立かぁ…そう言われてもなぁ…働かなきゃだめですかね。

CCt16

> ニートのままずっと働かないというわけにはいかないですよね。
> こちらに相談に来る皆さんも最初は嫌々だったりするんですけど、実際に働き出すと、思っていたのと印象が違うようで、やりがいを見つけたり、自分の成長を実感することもあるようですよ。
> いろんな人との交流から働くことの楽しさも知って欲しいんです。毎月しっかりお給料をいただくことで好きなこともできますし…村上さんだって好きなことをしたいでしょ？

⋯⋯ 説教になっている

CL16

> 好きなことはしたいですけど…

CCt17
自分で働いたお金でやりたいことを実現すると、喜びも増えますよね。
そのためには、まず行動しないと何も変わらないし、成長もできないですからね。行動を起こすことで見えてくるものもあるし、新しい気付きにも繋がると言われていますから…私も力になるので、一緒に正社員を目指して頑張っていきましょう！

元気付けているつもりかもしれないが、一方的で表面的

CL17
はい…ただ、興味がある仕事を探せるのか不安です。

CCt18
もちろんご存知の通り、日本には367万4000社の企業があるので、必ず適した会社が見つかりますよ。
毎日1件の応募を目標として、積極的に行動していきましょう！

無意味なデータ提示

CL18
え…1日1件の応募ですか…

CCt19
はい、毎日応募すれば、ある程度の数が面接に進んで、採用に繋がりますので頑張りましょう。
私も全力でサポートいたしますので、安心してくださいね。

無理強いしている

CL19
頑張ると言っても…。

CCt20
あ、来週、機械設備のイベントがあるのでいらっしゃいませんか。
イベントでは企業説明や仕事の内容の話のあと、人手が足りないということもあって、その場で面接もできるようなので、良い機会だと思いますよ。

> CL の気持ちも聞かず勝手な提案をしている

CL20
機械整備ですか…あまり興味ないのでやめようかなと思います。

CCt21
そうですか…では他の業界でも、村上さんが興味を持ちそうな企業がたくさんあるので、今後のスケジュールをお伝えしますね。

> さらに勝手な提案を続けている

CL21
うーん…。

良い例（ケース2）

CCt01

こんにちは、はじめまして。
キャリアコンサルタントの向井と申します。
よろしくお願いいたします。

CL01

村上です。よろしくお願いします。

CCt02

村上さん、こちらでお話ししたことが外部に出ることはないので、どうか安心して、なんでもお話しくださいね。
今日は、どのようなご相談でいらっしゃいましたか。

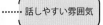
……… 話しやすい雰囲気

CL02

えっと…今、無職で、親からここに相談に行くようにと言われて来ました。

CCt03

そうでしたか。親御さんから言われていらっしゃったんですね。

……… 受け止め

CL03　親からはずっと正社員になれと言われています。この間も「近所のスーパーに社員募集って書いてあるから面接に行ってきたらどうだ」とか言ってきて。
それは気が進まないと言ったら、ここでどうしたらいいのか相談してきなさいと言われて…。

CCt04　そうだったんですね。よく来てくれましたね。
ここは村上さんのお気持ちや考えを尊重して、一緒に考えていく場ですから安心してくださいね。

> 来所したことへの労い、ここがどんな場かを説明して安心してもらう

CL04　分かりました。

CCt05　ではまず、村上さんが今後どうしたいのかをお聞かせいただけますか。
そこから、アドバイスであったり、どのようなサポートが必要かなどを一緒に考えていくお手伝いができたらと思うのですが、どうでしょうか。

> 何のための質問かを説明している

CL05　何から話せばいいですか。

CCt06

村上さんが話しやすいところから、自由にお話しいただいて大丈夫ですよ。

······ 話を限定しない

CL06

4年前に専門学校を卒業してから、正式な就職はしていないです。

CCt07

なるほど…。
そのことについて親御さんは、どのようにお話しされていますか？

CL07

どこでもいいからとにかく正社員で就職しろ…と。

CCt08

とにかく正社員で就職しろと言われている…。
村上さんはそう言われて、どのように思われましたか？

······ 気持ちの明確化

CL08

正直に言って、興味のない仕事はやりたくないんです。
専門学校でゲームの勉強をしていたんですけど、本当に好きなことだったので学校で学んでいる時は楽しかったんです。
でも、いざ就職活動となると、同じゲーム学科に50人くらいいる中で、ゲーム関係の企業に3人就職できればいいほうでした。

就活が大変だということは分かってたんですけど、やっぱりゲーム業界に進みたくて…。
クラスの友人の中には他の企業に就職したりしていますが、自分はゲーム以外の仕事には興味がなかったので、ゲーム業界中心に就活を行ったんですけど、結局上手くいきませんでした。

CCt09

"村上さんは、ゲーム業界には興味を持っていて、それ以外のお仕事には興味が持てないということでしょうか。

········ 整理の援助

CL09

"はい…ゲーム以外の仕事でアルバイトをしていた時もあったんですけど、親から「アルバイトは仕事として認められない」と言われて気分が滅入ってしまって、半年くらいで辞めてしまいました。それからは何かをしようとするやる気すら起きなくて。
でも最近、親が「自分たちも歳を取っていくんだから、早く働いて自立して欲しい」と口にするようになったんです。
父がもうすぐ定年退職するから心配して言ってくれてるとは思うんですけど、チラシを持ってきては面接に行けと言われるので余計に腹が立って、口論になってしまって…。
だから、意を決してこちらに相談に来ました。

意を決して来てくださったんですね。
親御さんから、歳を取っていくんだと言われて、村上さん自身どのように感じましたか？

……… 認知の明確化

そうだよな…歳を取るんだよなって思いました。

……… 気持ちの明確化

親御さんもいつまでも若いと思っていたけれども、定年を迎える年齢が近づいてきて、自立ということを繰り返し仰るようになっているんですね。
村上さんは、自立と聞いてどのような気持ちになりましたか？

……… 気持ちの深掘り

以前からよく「ちゃんとした仕事に就きなさい」と言われていたので、何度言われてもそれほど真剣に考えてこなかったんですけど、今回ばかりは何だか親の雰囲気も違っていて、本気で言ってると感じて焦っちゃいました。

なるほど…今までの親御さんの雰囲気が違うように感じられて焦りがあったんですね。

……… 受け止めと要約

97

CL12

そうなんです。
できれば興味ある仕事以外は避けたいん
ですけど、今のような状況ではどんな正
社員の仕事でも受け入れなければならな
いのでしょうか。

CCt13

お気持ちお察しします。
私が強引にお仕事を進めるようなことは
いたしませんので安心してください。
村上さんがどんなことに興味を持ってい ·········
るか、何をしたいかなどをお伺いしなが
ら、一緒にこれからのことを考えていけ
ればと思います。

> 情報提供と提案

CL13

はい、わかりました。

CCt14

ところで、村上さんがゲーム専門学校に ·········
進学された理由は何ですか？

> リソースを見つけ
> るための働きかけ

CL14 大学受験に失敗してゲームの専門学校に入りました。

子どものころから勉強は苦手で、塾に通っても成績は上がらなかったんです。

スポーツも不得意だったので、父からは「お前は何をやってもダメだな」と言われてきました。 ……・生育歴が語られる

父は一流大学を卒業して一流企業で働いているので、今の状況が不満なんだと思います。

CCt15 お父様から「ダメだな」と言われてきた…。 ……・非言語での共感

CL15 はい、でも反論はできませんでした。

何をやってもダメで、大学受験も予備校まで通って勉強したのに二度失敗しました。

親にこれ以上浪人することは許してもらえなかったので、専門学校に進んだ感じです。 ……・興味あることが明確になった

専門学校選びでも、「手に職をつけられるよう経理か医療がいい」と言われたんですが、自分の興味のある分野を学びたくて、反対を押し切ってゲーム専門学校を選びました。

CCt16 親御さんの反対があっても、譲れないと思ったことには意思を貫いて、ご自身で決断したんですね。
専門学校で学んでみていかがでしたか？

自分で意思決定したことをコンプリメント

CL16 2年間本当に楽しかったです。
小学生くらいからゲームが好きで、高校生の頃には Youtube を見ながらゲームの作り方を調べたりしていたので、専門学校では迷うことなくゲーム制作を進められました。
先生からも褒めてもらって、成績も結構良かったんです。

ストレングスが語られる

CCt17 ゲームについて話す時の村上さんは、生き生きとしていて、声や表情が活気に満ちてますね。
ゲームのどのような点に魅了されるんですか？

フィードバック

CL17

一番楽しいのは、どのような物語にしようか考えている時です。
アイデアに沿ってプログラムを作り上げていく過程にワクワクします。
プログラムって、正確に入力することでしっかり結果として表れるので好きなんですよね。 ……… 興味関心が一層明確になる
夢中になってできることだったので、入りたいゲーム会社に向けて頑張っていたんですけど、その企業は大卒でなければ応募することができないと分かって、それからはモチベーションが下がってしまいました。

CCt18

希望する企業に応募できないことが分かって、モチベーションが下がってしまったんですね。 ……… 受け止め

CL18

はい。働きたいと思っていた会社の就活すらできなかったのは悔しかったんですけど、プログラミングスキルを生かして、アルバイトとしてシステム開発のテストに関わる仕事に就いたんです。
でも、親から「アルバイトではなく、就職をしなさい」と毎日言われるようになったので辞めてしまいました。続けられる仕事だと思ったんですけどね。

ケース3

<相談者概要>

相談者	目黒直子さん（30歳）女性
状況	無職。30歳になったことを機に、正社員で働きたいと思った。

悪い例（ケース3）

CCt01
" こんにちは、はじめまして。キャリアコンサルタントの野沢です。
よろしくお願いします。
本日はどのようなご相談でいらっしゃいましたか？

CL01
" 目黒です。よろしくお願いします。
今日は就職について相談したいと思って来ました。

第2章

面接試験対策

CCt02
就職について相談ということは今は働いていないということでしょうか？
でも就職についてお考えになるのはいいことですね。
お仕事のご経験はあるのでしょうか？

> CCt 自身の主観にもとづいた発言

CL02
はい、あります。

CCt03
どのくらい働いていらっしゃったのでしょうか？

> クローズドクエスチョン

CL03
大学卒業後からすぐに働き始めて3か月で退職しました。

CCt04
退職理由をお話しいただけますか？

> CL の気持ちを考えず、強制的に答えさせようとしている

CL04
3か月の間は精一杯働いたんですけど、自分には合わなかったようです。
ちゃんと働かないといけないな…と思いながら今まで過ごしてきてしまった感じです。

CCt05
なるほど…3か月でお仕事を辞められて からは、就職をされていないということ ですね。
では、いつまでにお仕事を見つけたい と思っていますか？

ネガティブな要 約。頑張ったこと や、働かないと、 と思い続けて来た 感情に寄り添って いない

CL05
なるべく早く見つけて、すぐに働きた いです。

CCt06
すぐに働きたいと思うことは、前向き に感じられていいですね。
現在は、ご実家に住んでいらっしゃる のでしょうか？

クローズド質問を 繰り返し、支援者 側が聞きたい情報 ばかり聞く。これ で CL を理解した つもりになってし まっている。

CL06
はい。

CCt07
では、家賃などの心配は必要ないんで すね。

勝手な決めつけ

CL07
はい。

CCt08
わかりました。では、大学はどちらの ご出身ですか？

評価的、決めつけ、 押しつけ

CL08
A大学です。

優秀な大学を卒業されたのですから、親御さんを安心させるためにも早く就職したいですよね。
学部は何だったのですか？

> CCt 自身の主観にもとづいた発言

経済学部でした。

経済学部…成績はどうだったのでしょうか？

学校には真面目に行っていたので、出席率は良くて、成績もまあまあできた方だったと思います。

真面目に取り組めることは社会人として大切なことです。
何か資格はお持ちですか？

> 表面的な褒め

運転免許は持っています。

お仕事を辞めてからは働いていないのですか？

105

CL12

働いていません。働かないといけない
なぁとはずっと思っているんですけど、
なかなか行動を起こせなくて、気付け
ば7年が経ってしまいました。
急に将来の不安が襲い掛かってきて、
しっかり働かないと、とは思うのです
が、自信が持てず、どうしたらいいの
か分からなくて…。

CCt13

急に将来の不安が襲ってきて働かない
といけないなと思ったけれども、自信
が持てないんですね。
確かに7年もブランクが空いてしまう
と、自信が持てなくなりますよね。今
の目黒さんのお気持ちは分かりました。
ただ、ブランクがあると就職活動はな
かなか厳しいものがあると思います。
でも、目黒さんは年齢的にもお若いし、
大学では優秀で、真面目だったという
ことですから、大丈夫ですよ。
早く就職できるよう頑張っていきま
しょう。
それで、お仕事はどういうことをして
いたんですか？

・一見共感のよう
だが、ネガティブ
を強化する要約に
なっている
・根拠のない励ま
し（気休め）

106

CL13
はい、メーカーの営業の仕事をしていたんですけど、上司やお客様の中には厳しい方がいて、毎日叱られることばかりで、耐え切れずに 3 か月持たずに退職してしまいました。
学生の時はとにかく就職はしないといけないと思って就活したのですが、まったく内定がでなくて…とにかくどこでもいいから就職しようと思ってしまって、焦って自分に合わないところでもいいと思って、早急に決めてしまいました。
いざ働いてみたら、自分には営業は向いていなかったんだと思うくらい本当に大変でした。

CCt14
今は何をしているのですか？

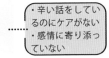
・辛い話をしているのにケアがない
・感情に寄り添っていない

CL14
単発のアルバイトをやっています。

CCt15
お仕事の内容を教えていただけますか？

CL15
倉庫での在庫管理をしています。
人と話す必要もないし、やることも決まっていて自由な時間にできるので気楽なんです。

CCt16
人と話すことに苦手意識がある…お話しをうかがっていると、目黒さんはコミュニケーションに課題がありそうですね。
お仕事をする上でコミュニケーションは欠かせないので、まずはそこを乗り越えていくようにしましょう。
他には何かやっていますか？

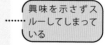
ネガティブ強化、説教

CL16
それ以外は家です。

CCt17
家事手伝いでしょうか？

CL17
趣味程度ですがハンドメイド雑貨にはまってます。

CCt18
ハンドメイド雑貨ですね。
他にはありますか？

興味を示さずスルーしてしまっている

CL18

特にありません。

CCt19

週に1回程度、こちらに来て就活に必要な知識を学ぶ時間は取れそうですね。
ご自身で就職に向けての行動は起こされたのでしょうか？

・・・・・・ 勝手な決めつけ

CL19

自分は何をやりたいのか、何が合っているのか分からなくて…。

CCt20

そうなんですね。
では、目黒さんは将来に向けて、ご自身のキャリアビジョンはどのように考えていらっしゃいますか？

・・・・・・ いきなり難しい質問

CL20

将来？キャリアビジョン？目の前のことだけで精一杯で考えていないです。

CCt21

そうですか、
例えばこういう風になりたいとか、働いてみたい仕事や取りたい資格などはありますか？

CL21

それも考えたことがないので今は分かりません。

CCt22

どういう仕事に就きたい、こういう姿を目指しているなどの具体的なビジョンが描けていないということですね。

目黒さんは、キャリアビジョンを明確にし、自身の目指す姿をより具体的に考えていけるといいですね。

その上で、企業分析を徹底的に行って、仕事への理解を深めることが大切です。
来週、ちょうど企業分析セミナーがあるので、是非参加してみてください。
役立つ情報が得られると思います。

業界の種類はどのくらいあるのか、その中に様々な職種があることを知ってもらって、幅広い選択肢から選んでいくことで、自分に合いそうな仕事には積極的に応募していくようにしましょう。

結果、面接の経験を積むことになって自信もついて、コミュニケーション力も高めていけると思います。

> 一方的、上から目線の説教、これだけの情報を一度に与えると圧倒されてしまう

CL22

そうですか…セミナーですね。

CCt23

それから、自宅近辺だけではなく、いつも利用されている沿線で探されてもいいですね。
いつもは電車を利用されますか？バスですか？

> CL の気持ちを聞かず、勝手に決めつけている

CL23

バスですね。

CCt24

バスですか…バスだと時間が読めないということも考えられますので、電車に乗って3駅くらいまでとしましょうか。
電車を利用する方は、通勤時間が片道1時間以内までと、範囲を広げて就職先を考えていらっしゃいます。
そうなってくると応募先も増えますから、早い就職を希望している目黒さんにとっても、チャンスだと思いますよ。

一方的

CL24

チャンス…うーん。

CCt25

こちらにある支援メニューに沿って目黒さんが行動していくことで、自分のやりたい仕事を見つけやすくなると思うので、3か月以内には決まると思いますよ。
私も責任を持ってサポートするので、早く就職が決まるように一緒に頑張りましょう！

ゴールを一方的に決める

CL25

はい…。

第2章

面接試験対策

111

CCt26 あと必要なのは、目黒さんの強みを知ることなので自己分析が必要なんですが、ご自身の強みってなんでしょうか？

 CL26 強みは分からないです。

 CCt27 得意なことでも何でもいいんですよ。

CL の気持ちに寄り添わない上から目線の言い方

 CL27 コツコツやることが好きだったりしますが…。

 CCt28 コツコツやることだなんていいですね。具体的に何をしているときなんですか？

評価的

 CL28 趣味のハンドメイド雑貨の制作中は没頭してやってしまうほうです。

あ、趣味なんですね…目黒さん、仕事を見つける際に重要なのは、まず自己理解を深めることです。自分自身を理解しないと、何が自分に合っているのかも分からないままになってしまうんです。
応募書類に書けるような強みを見つけるために、自己分析セミナーにも参加できるよう申し込んでおきますね。

上から目線で説教

自己分析ですか…。

（時計を見る）目黒さん、そろそろお時間になります。
自分で決めた目標の3か月以内に就職できるよう、今日から取り組んでいきましょう。
とにかく行動を起こさなければ何も始まらないですから、一緒に頑張って、なんとしてでも達成させましょう！
やれば結果に出てきますからね。

上から目線で説教

（うつむいて無言）…。

113

良い例（ケース３）

CCt01

こんにちは、はじめまして。
キャリアコンサルタントの野沢と申します。
今日はよろしくお願いします。

CL01

初めまして、目黒です。よろしくお願いします。

CCt02

目黒さん、ここでお話ししたことは外部に漏れることはありませんので、安心して、自由にお話しください。
今日はどのようなご相談でいらっしゃいましたか。

> 温かい態度、配慮

CL02

はい、今、就職を希望しているのですが、こちらはそのような相談もできるのでしょうか。

CCt03

就職を希望されているというご相談ですね。
もちろん大丈夫ですので、もう少し、詳しくお話をお聞かせいただけますか。

> オープンクエスチョンで自由に話してもらう

CL03

はい…大学を卒業して少し働いたんですけど、すぐに辞めてしまいました。
それ以降はちゃんと働いていません。
働かないといけないなぁとはずっと思っているんですけど、なかなか行動を起こせなくて、気付けば7年が経ってしまいました。
急に将来の不安が襲い掛かってきて、しっかり働かないといけないと思い立ち、こちらに相談に来ました。

CCt04

将来のことを考えて、しっかり働かないといけないと思ったんですね。
目黒さんの考える「しっかり働く」とはどのようなことですか？

> 関心を寄せてポジティブに受け止め「しっかり」の意味を曖昧にせず確認

CL04

正社員として雇用されて、できるだけ長く勤めることです。

CCt05

なるほど…正社員として雇用されて、長くお勤めすることなんですね。
ところで、大学卒業後、少し働かれていたと仰っていましたが、その時のことをお聞かせいただけますか？

> オープンクエスチョンで自由に話してもらう

CL05

はい。
大学卒業後、メーカーの営業の仕事をし
ていたんですけど、上司やお客様の中に
は厳しい方がいて、毎日叱られることば
かりで、耐え切れずに3か月持たずに退
職してしまいました。
それ以降は単発のアルバイトをする程度
です。
でも、今のままではいけないと思って仕
事を探したりもしたんですけど、当時の
記憶が思い出されて、自信が持てずにい
るんです。

CCt06

そうだったんですね。
その時のことがまだ記憶に残っていて、 ‥‥‥‥ 受け止め
上手くいかないのではないかという思い
から、自信が持てずにいるのですね。

CL06

あの時の落ち込みは、いまだに忘れられ
ません。
自分なりに頑張ったつもりなんですが、
どんなことをしても叱られるばかりだっ
たので、きっと自分には才能がないんだ
ろうなと思うようになってしまって…。

CCt07

今もまだその時の落ち込んだ記憶が忘れられずにいるんですね。
本当に辛かったと思います。
それでもご自身で何とかしないとという
思いから、今日来ていただいたんですね。
今、何か困っていることはありますか？

辛い感情に寄り
添っている
主訴の確認

CL07

そうですね。
ブランクもあると思いますが、とにかく
何をしたらいいか、わからないんです。
学生の時はとにかく就職はしないといけ
ないと思って就活したのですが、まった
く内定がでなくて…とにかくどこでもい
いから就職しようと思ってしまって、
焦って自分に合わないところでもいいと
思って、早急に決めてしまいました。
面接がだめだったのも、会社で怒られて
しまったことも、自分にコミュニケー
ション力がないせいだと思ってますが、
こんな自分に合う仕事って、あるんで
しょうか。

CCt08

就活で何をしたらいいのか、そして自分
に合う仕事があるのか、分からないこと
が困っていることなんですね。
では、それを見つけることから取り組ん
でいきましょうか。

ゴール設定（ここ
では、短期的な
ゴール）

CL08 お願いします。何をすればいいのでしょうか

CCt09 何から取り組むべきかを一緒に考えていきたいので、目黒さんのことについて、もっと聞かせていただけますか。
先ほど、コミュニケーション力についてお話しされていましたが、もしよろしければ、その辺りをもう少し詳しく教えていただけますでしょうか。

> CL の主体性を促し、依存的にならないよう、何の目的で質問するかを伝え、共同作業にしている

CL09 はい、営業のときは「お客様の前ではとにかく話をしなさい」と言われていたので、積極的に話しかけるようにしていました。
自分では失礼なことを言ったつもりはないのですが、お客様が不快に思われることがよくあって、先輩から「お客様に何であんなことを言ったんだ」と何度も叱られていました。
何とか会話をしようと頑張ったのですがコミュニケーション力がないので上手くいかず、結局 3 ヶ月で辞めてしまいました。
先輩からの指示も曖昧で、何をしていいか分からなくて困るんです。
具体的に言ってくれればわかると思うのですが。

CCt10　指示が曖昧というのは具体的にどういうことなんでしょうか？

CL10　何をどうするという具体的なことが分かっていれば期日に向けてできるんですけど、「自分でどうにかしろ」とか「お客さんにうまく伝わるようにやれ」とか指示が曖昧だとどうしていいか分からなくて…それで後から「何でできないんだ」と怒られていました。

CCt11　自分だけで考えることは苦手なことなのかもしれないですが、それは具体的な指示があることで出来るということなんですね。

> できること（リソース）の明確化

CL11　はい。
そうなりますね。

CCt12　目黒さんのことをもっと知りたいので、仕事以外の得意なことがあれば教えていただけますか？

> 何の目的で質問するかを伝え、共同作業にしている

CL12　得意なことはないですね。

119

CCt13 では、会社を辞めてからのことを教えていただけますか？

過去の経験を問いかけ得意なことや強みを探る

 CL13 会社を辞めてからですか？

 CCt14 得意なことを見つける手がかりになるかも知れないので、毎日どのように過ごされているのか教えていただけますか？

理解しやすい質問に変えている

 CL14 辞めたあとはほとんど自宅にいる感じです。
週に 2、3 回のアルバイトで倉庫での在庫管理をしています。
人と話す必要もないし、やることも決まっていて自由な時間にできるので気楽なんです。
他には、夢中になってできるハンドメイド雑貨にはまってます。
作業に集中できるので楽しいんです。

 CCt15 ハンドメイド雑貨にはまった理由は集中できるからなんですか？

気持ちの深掘り

CL15

そうなんです。
私は子供の頃から、何か作るのが好きで、編み物などをやったりしてました。
ある時母親が刺し子の刺繍をはじめて、私も近くで見ていて面白いなって思ったんです。
そこから中学生になるとちょっと凝った物が作りたくなって、バッグを作ることにはまっていきました。
あの、ちょっと自分なりのこだわりがあって、かわいい素材を使ったり、色を考えたりして、素材を切ったり組み立てたりして、オリジナルの作品ができるのが楽しいです。
作っている時は、結構集中力がいるし、細かくて難しい作業もあるんですが、時間を忘れて没頭できるし、完成した時はやっぱり嬉しいですよね。今日のバッグも自分で作ったんです。

CCt16

時間がかかっても、1つのものを作り上げていく集中力があるというのは、目黒 ……
さんの強みになりますね。

> ポジティブフィードバック

CL16

そう言われると何だか嬉しいですね。
集中力も強みとして言っていいんでしょうか。
だけど、ハンドメイド雑貨と、時々のアルバイトという生活はもういい加減ダメだと思ったので、今の生活を変えられるきっかけが欲しいんです。

CCt17

なるほど…今の生活を変えるきっかけが欲しいという気持ちが目黒さんの中で強くなってきたんですね。
では、今度は就職活動のことになりますが、何か応募などをしているんでしょうか？

ポジティブな要約
何の目的で質問するかを伝え、共同作業にしている

CL17

ハローワークしか知らなかったので、まずは行ってみました。
何もかもが初心者だったので求人票の取り方から、検索の仕方などを教わりながら、自宅近辺で探してみました。
でも以前のような自分に合わない仕事を選んでしまって、結果すぐに辞めてしまうことは避けたくて、結局何もしていません。
でも、未経験でも採用してくれる企業なんてあるのかが心配です。

CCt18

未経験の就職はもちろん頑張りも必要に
なってきますが、企業によっては採用す
るところもあります。
目黒さんが希望されていたような自分に
合ったお仕事に就いてもらうためにも、
様々なお手伝いができると思います。ハ
ローワークでは自己分析や職業体験、履
歴書の書き方や面接の受け方など、就職
活動に関するセミナーなどもあります
よ。
目黒さんがお話しされていたコミュニ
ケーションスキルも、セミナーに参加し
ながら少しずつ磨いていくことができる
と思います。
目黒さんの中で何か気になったものはあ
りますか。

｜ 適量の情報提供と
｜ 意向の確認

CL18

そうですね…自分に合った仕事が何なの
か知りたいので、自己分析が気になりま
した。

CCt19

自己分析をやっておくのはいいですね。
もしよろしければ次回から一緒に自己分
析から始めてみませんか？

｜ 本人の意思の尊重

CL19

はい。ぜひお願いします。

第2章

面接試験対策

123

CCt20

そろそろお時間になるのですが、今日色々お話をしていただいたのですがどうでしたでしょうか？思ったこと、目黒さんの中で気づいたことなど、なんでも良いのでお聞かせいただけますか？

本人に振り返りをさせる投げかけ

CL20

はい。まだ自信はないんですけど、自分に合った仕事を見つけて就職できたら、長く勤められるよう努力したいなと思っています。
コツコツやることも自分の強みになるんだと分かって、そういう能力を活かせる仕事を探したいなと思いました。

CCt21

私は、目黒さんが「ちゃんと働きたい」と決めて、ハローワークにも行って、こうして相談にも来てくれて、「今の生活を変えるきっかけが欲しい」とお話しされていたので、しっかりと、自分で一歩を踏み出して変わろうとしていらっしゃるなぁ、と感じました。
自己分析からはじめてもっと目黒さんの強みを見つけていけるといいですね。
引き続き、よろしくお願いします。

ポジティブフィードバック

CL21　はい、今後ともよろしくお願いします。
ありがとうございました。

CCt22　こちらこそ、ありがとうございました。

第2章

面接試験対策

「最速合格」国家資格キャリアコンサルタント
実技試験（論述・面接）テキスト＆問題集
＜ JCDA（日本キャリア開発協会）本試験準拠＞

編　©キャリアデザイン出版

発行者　岩　村　信　寿

発行所　リンケージ・パブリッシング　　　　〒104-0061 東京都中央区銀座7-17-2
　　　　　　　　　　　　　　　　　　　　　アーク銀座ビルディング6F
　　　　　　　　　　　　　　　　　　　　　TEL 03(4570)7858　FAX 03(6745)1553

発売所　株式会社 星雲社　　　　　　　　　〒112-0005 東京都文京区水道 1-3-30
　　　　（共同出版社・流通責任出版社）　　TEL 03(3868)3275　FAX 03(3868)6588

定価はカバーに表示しています
乱丁・落丁はお取り替えいたします

Printed in Japan